自分の「武器」を見つける技術

池田 潤
JUN IKEDA

1万人のコーチングからわかった真の成功法則49

水王舎

強みに集中せよとの格言は常に正しい。

――ピーター・ドラッカー

人生がうまくいかない理由。
それは、自分の武器を活かしていないからに他ならない。
キミにはキミだけの武器がある。
キミはその武器を見つけ、活かせばいい。
それが、自分の人生を生きるということだ。

自分を変えるとは、自分以外の誰かになることではない。
自分以外の誰かを目指す必要などない。
自分を変えるとは、自分は自分でいいのだと確信することだ。
自分が持っている武器を１００パーセント活かしきること。
それが、つまりは自分を変えるということだ。

なぜ、キミはキミとして生まれてきたのか？
自分を否定して、自分はダメだと責めるためか？
そんなはずはない。
キミがキミとして生まれてきたのは、
キミという人間を１００パーセント生きるためだ。

バカにされた。否定された。無理だと言われた。
それがどうしたというのか？
もう、卑屈になるのは終わりにしよう。
自分という存在に誇りを持ち、自分の武器を活かすのだ。
自分の武器を活かせば、キミの人生は絶対に変わる。

PROLOGUE
プロローグ

この本は、キミに「自分の武器」を見つけてもらうために書いた。

自分の武器を見つけることができれば、キミの人生は確実に変わる。


私自身、昔は自分の武器が何なのかまるでわかっていなかった。

その時期はよく自分を責め、自分を否定していた。

必死の努力をしているのに、結果も出なかった。

自分と他人を比較し、劣等感にひたる日々だった。


しかし、自分と向き合う中で、あるとき、自分の武器が何なのかがわかった。

私の武器は、「共感力」「洞察力」「説明・言語化力」にあると気づいた。

そのとき、視界がパッと開けたような感覚になり、自分自身に対する確信が生まれた。

そうした自分の武器を存分に活かせばいいのだと気づき、実際にそこから自分の武器を活かして生きるようになった。

すると、これまでは想像もできなかったような結果を得ることができた。

書いていたブログにアクセスが急増し、そこからビジネスが生まれた。
好きなことを仕事にすることができ、最高月商1000万円を超えた。
本の出版をさせていただき、処女作がベストセラーとなった。
会社に縛られない、自由な毎日を手に入れることができた。
好きなときに、好きな場所で、好きな人とだけ仕事ができるようになった。
最高の人間関係を築けるようになり、心の平穏と安心感を得た。
それぞれの業界で、一流と呼ばれる人たちとつながることができた。

現在は、経済的にも精神的にも充実した毎日を送っている。

それが可能になったのは、紛れもなく「自分の武器」に気づくことができたからだ。

もしもキミが、これまでたくさん学び、考えてきたにも関わらず、
行動できない
やる気が出ない
結果が出ない
何がしたいかわからない
という状況にあり、悩んでいるとしよう。

なぜ、そうなってしまったのか？

それは、「自分の武器」を知らないからに他ならない。

「自分の武器」が何なのか知らず、自分の武器を活かすことなく、「他人の人生」を生きていたから、うまくいかなかったのだ。


もしかするとキミは、様々な本からすでに学んできたのかもしれない。

世の中の多くの成功法則本には、著者の成功体験が書かれ、マネをしたくなるように書かれている。

しかし、よくよく考えてみてほしい。

キミとその成功者はまったくの別人だ。

持って生まれた能力、欲求や願望、時代、環境、何もかもが違う。

その人はその人の能力を活かし、強い願望を持ち、環境を理解し、時代の波に乗れたからその人なりの成功を手にした。

「とことん自分の武器を活かした」から、成功したのだ。

ということは、その人のマネをしようとしても、キミとその人は別人であり、同じ武器を持っているわけではないのだから、うまくいくわけがない。

成功者が成功した真の理由――。
それは、彼らが自分の武器を活かしたからに他ならない。

キミも彼らと同じように、「自分の武器」を活かせばいいのだ。

もう、自分以外の誰かになろうとする必要はない。
キミが最も力を発揮するのは、自分の武器を活かしたときであり、それはすなわち、「自分自身を生きた」ときだ。

自分と向き合うことで、自分の武器を見つければいい。
自分の武器を見つけ、その武器を活かすことで、自分オリジナルの成功を手にすればいい。

本書は、そのためにある。

本書を通じて、キミが「自分の武器」を見つけ、「自分の成功法則」を生み出し、「自分だけの成功」を手にすることを願っている。

自分の「武器」を見つける技術

CONTENTS

第1章 武器を活かした人生を生きる

第2章 自分の武器とは何なのか？

第3章

自分の武器を見つけるために大事なこと

第4章 不得意がキミの人生を変える

第5章 自分の武器を活かして生きる

第1章

武器を活かした人生を生きる

01

AWAKE

キミだって「自分の武器」を持っている

人にはそれぞれ武器がある

人生がうまくいくかどうか、満足したものになるかどうかは、自分の武器を活かすことができるかどうかにかかっていると言っても過言ではない。

自分の武器を活かさない人生は、地獄だ。

嫌いなことをしなければならず、結果も出ない。心の中は不平不満で渦巻く。

逆に、自分の武器を活かす生き方は、常にエキサイティングだ。

好きで興味があることをするのだから、自然に物事を追求したくなり、それゆえ人より上達し、成果も出るようになる。

武器を活かさない生き方が山登りだとすれば、武器を活かす生き方は川下りだ。

武器を活かさずにいればゼイゼイと息切れし、歯を食いしばりながら人生を生きなければならない。

自分の武器を活かせば、スイスイ流れるように人生が前に進んで行く。

自分の武器は、自分が自然にできるもので、そこに純粋な喜びを感じることの中にある。

自然にできて喜びを感じるからこそ、日々の満足度は高く、しかも人から喜ばれることになる。

自分も満足。他人も満足。それが、自分の武器を活かした生き方だ。

しかし、多くの人が自分の武器を活かすことができていない。

一体なぜか？

それは、自分の武器が何なのかわかっていないからだ。

1万人の相談に乗ってわかったこと

じつは、自分の武器であるにもかかわらず、これを弱点だと思っている人があまりに多い。

本当か？　と思うかもしれないが、これは1万人以上の人のコーチを経てわかった事実だ。

自分の武器を弱点だと思っていれば、当然のことながら、その武器を活かしきることはできない。

多くの人は「自分には武器なんてないよ……」と思って日々を生きている。

しかし、そんなことはない。

キミはまだ、**キミの「武器」が何であるかを自覚していないだけ**だ。

自分の武器を活用できていない人ほど、今の自分の人生に対する満足度は低い。

嫌いで、やりたくもないことをやっている。

だから、たいした結果も出ない。

無理やり努力したとしても、出る結果などたかが知れている。

楽しくもない、好きでもないことをやって、結果も出ない。

心の中は不満だらけ。

そんな毎日を送っている人は間違いなく**「自分の武器を活かしていない人」**だ。

自分の武器を１００パーセント活かすことができれば、人生は変わる。


「自分の武器」を見つけて、活かせ！

そうすれば望む人生が手に入る！

02

AWAKE

武器を活かさなければ キミの努力は永遠に報われない

自分に「配られたカード」を活かす

人には、誰でも生まれ持った武器がある。

生まれ持った武器があるとは、裏返すと、どれだけ努力したところで報われないこともあるということを意味している。

それは、生まれながらに持っていない武器があるということだ。

残酷かもしれないが、まずはそのことを受け容れる必要がある。

たとえば、小学校の体育の時間を思い出してもらいたい。

運動神経のいい子は何をやっても様になるが、運動神経の悪い子は何をやってもどんくさい。どれだけ努力したところで、追いつけない壁があるのだ。

この本の中で私は綺麗事を言うつもりはない。

私たちにはそれぞれ配られたカードがある。

まずはそのカードをよく見る必要があるのだ。

そのときに重要なことは、自分のカードを見て卑下したり、他人と比べないことだ。

ただただ配られたカードを直視する。

そして、手持ちのカードでどうやって生きていくのかを考える。

卑下し、卑屈になり、妬《ねた》みなどを抱いても、まったく意味はない。

愚痴と不満の人生を送ることになるだけだ。

大事なのは、**自分の武器が何なのかをしっかりと把握すること。**

そして、その武器を最大限まで活かすことだ。

努力が報われるためには

残念ながら、自分の武器を活かさない限り、キミの努力は報われない。

死ぬほど努力したところで、中の上程度の結果しか出せないだろう。

いや、中の上の結果を出す前に、心が折れてしまうはずだ。

なぜなら、キミが必死で努力を重ねてできるようになったことを、鼻歌まじりにこなす人が世の中に存在する事実に気づくからだ。

大事なのは、報われない努力をやめ、報われる努力に集中することだ。

では、報われる努力とは何か。

それは、自分の武器を磨くことに時間と労力を使うことである。武器でないものは武器でないと受け容れ、自分の武器をとことんまで磨き上げる。

それこそが、人生を変える最大の秘訣だ。

しかし、ほとんどの人が自分の武器が何であるかわからないまま、報われない努力を続けている。そして、たいした結果も、深い充実感も得られないまま、不平不満の人生を生きている。

キミは、報われない努力をするために生まれてきたのではない。

自分の武器を活かすために生まれてきたのだ。

報われない努力は今すぐやめ、報われる努力をしよう。

自分の武器を知り、とことん磨け！
そうすれば努力は必ず報われる！

03

AWAKE

武器を活かして生きるか
武器を活かさないまま死ぬか

京都大学法学部での苦悩

キミは、充実した毎日を送っているだろうか。

それとも、常識や他人の言いなりになって、何となく悶々としながら毎日を送っているだろうか。

もし後者であるなら、今すぐに自分の武器を活かす術を学ぶべきだ。

ここで少し私の話をしてみたい。

私は、苦心の末、京都大学法学部に入った。

母親に借金をさせ、浪人してまで入学した京都大学法学部。

せっかく入学できたこの大学で法律を真剣に学び、弁護士として活躍するのだと鼻息を荒くしていた。

しかし、法学部に入った私は、道を見失うことになる。

入学後、実際に法律を学んでみたのだが、法律に興味を持つことができず、どうしても法曹になりたいとは思えなくなってしまったのだ。

私は、絶望した。法学部に入ったのに、法律に興味を持てない――。

法律の勉強が苦痛以外の何物でもない。完全に入る学部を間違えたと絶望し、悩んだ。

周りは法律を勉強して、法曹や公務員を志望する人ばかり。

「俺、法律にまったく興味ないんだよね」などとは、口が裂けても言えない。

日々重なるストレス。嫌いなことをしているという強すぎる実感。

その結果、私が選んだのは「現実逃避」だった。

方向転換してつかんだ成功

とりあえず大学に行くのをやめにして、私は自分の好きなことをするようにした。大学についての結論は保留にし、好きなことをやりだしただけなので、根本的な解決につながる決断をしたわけではない。

まだ当時の自分は、大学を辞めるという決断ができるほど強い男ではなく、とりあえず見たくないものは見ないようにしていた。

最終的には辞めることになるのだが、まだその決断はできなかった。

見たくないものを見ないようにした上で夢中になったもの。

それは「ブログを書くこと」と「教えること」だった。

このときから私の大学時代は、この二つに夢中になる日々を送ることになる。

それ以外のことはほとんどしない毎日で、ひたすらブログを書き、本を読み、思索し、教え、それをビジネスにしていった。すると、驚くべきことに収入が増え、本を出版するなど、どんどん成果につながっていった。

しかも、自分がしたいことをしているのだから、毎日楽しい。

法学部で苦虫を噛みつぶしたような顔をして法律を勉強していた頃とはまったく違う毎日がそこにはあった。そのとき、**自分の武器を活かさない毎日は地獄であり、武器を活かしてこそ人生は開けるということに気づいた。**

武器を活かさないまま死ぬのはあまりにももったいない。人は自分の武器を活かしてこそ、自分の人生を生きられるのだから。

嫌いなことはするな！　好きなことでしか人生は拓けない！

04

AWAKE

自分の武器を見誤ると
人生の選択を誤る

「弁論全国大会個人４位」のカラクリ

自分の武器を見誤るほど恐ろしいことはない。

自分の武器を見誤れば、人生全体が、嫌いで、努力しても結果の出ないことで埋めつくされてしまう。

私は法学部に入ったにもかかわらず、法律がものすごく嫌いだった。

しかし、ある時期、「弁論サークル」に入り、弁論の全国大会に出場し、そこで何と「個人４位」という結果を出した。

そんな結果が出たのだから、法律が嫌いだと言っておきながら、結局法律が自分の武器だったのではないか、と思われるかもしれない。

そこには面白いカラクリがある。

弁論の全国大会で個人４位になれた理由。それは、私の「説明能力」「人の心を動かす力」にあった。弁論には、ある程度準備が必要になるが、私はその準備がうまくできていなかった。

どうしていたかというと、いつも、先輩に教わりながらやっていたのだ。

そして、その教わっていた先輩が世界大会にも出るような超優秀な人で、そのリサーチ力、準備の力は卓越していた。つまり私は、その先輩の武器を借りて全国大会に出られたのだ。

自分の武器を知ることの大切さ

弁論大会本番。勉強不足だったところが多々あったにもかかわらず、元から自信のあった説明能力、人の心を動かす力によって、私は熱弁をふるった。

しかも、足りないところがあればサポートとして入っていた先輩が的確なアドバイスをくれる。それが、全国大会個人4位という結果になったのだ。

4位という微妙な数字も面白い。法律家としての実力があったわけではない、ただの「スピーカー」としての限界もその数字には正確に表れている。

周囲の人には「たった半年の勉強で全国大会個人4位はすごいね！」と言われたが、その結果は先輩のサポートがあってこそ。

私の実力はスピーカーとして発揮されたもので、法律家として発揮されたものではないと自分でわかっていた。

だから、大会終了後、私は弁論サークルをすぐさま辞めた。

これからさらに法律の知識が必要になり、先輩がいなくなってしまえば、続けていけないことを悟っていたからだ。

一つ間違えば、結果だけを見て「自分は法律が武器なのだ」と誤解し、そのまま法曹としての道を進み、どんどん後輩に追い抜かれていく人生を送っていたかもしれない。

もしくは嫌いなことをやり続ける人生を歩み、結果も出ず、毎日が地獄だったかもしれない。

自分の武器を見誤るとは、人生の道や選択を誤るということである。そうならないためにも、自分の武器は何なのかをぜひとも知っておいてもらいたい。

人生を充実させるために、自分の武器を見誤るな！

05

AWAKE

常識に従うよりも武器を活かす道を探すべき

常識はときに妨げになる

京大法学部に入ったのであれば、常識的には法律を勉強すべきだし、弁護士や公務員などを目指すべきだと普通は思うだろう。

しかし、私はそんなことには一切お構いなしだった。

なぜなら、法律にまるで興味がないことに気づいてしまったからだ。

無理やり勉強しようにも、体が動かないし、心も元気にならない。

そんなことに人生の貴重な時間を使っている暇など私にはなかった。

しかし、私はいつもどこかで自分の気持ちにブレーキをかけていた。

当時はブログを書きまくっており、ブログランキングで2年間不動の1位を維持し続けるくらい人気を得ていた。ただ、頭の中では「法学部に入ったんだから法律の勉強をした方がいいのではないか」という声がいつも聞こえていた。

心はそんなことは言っていない。心はいつも「ブログを書け！」と言っている。

結局、私の行動を止めていたもの。それは、常識だった。

普通はこうするだろう。

常識的にはこうだろう。

こうすればみんなが認めてくれるだろう。

そんなものに縛られ、自分の武器を活かしきれないでいたのだ。

そういう声が聞こえて、ときに大学にも顔を出し、授業を受けていた。

しかし、どう考えても、どう頑張っても、法律に興味はない。

ちらりと大学に顔を出し、授業を受けるたびに早く帰りたくて仕方なくなっていた。そうやって自分がいかに法律に興味がないかを感じきったとき、やっと踏ん切りがついた。

自分の武器を追い求めてわかったこと

「もう、いい。もう、やめよう」

嫌いなものを無理やり好きになろうとするのは、もうやめよう。

嫌いなものは嫌いなままでいい。興味のないものは興味がなくていい。ただ自分がしたいと思うことをしよう。そんな結論にたどり着いたのだ。

自分がしたいこと。それは、書くことであり、思索することであり、それを様々な形で人に伝えることだった。そして、私にとって、それらの「したいこと」こそが自分の武器だった。

人間、したいことは自然にやるし、放っておいても追求する。結果、そのしたいことが自然に人よりも上手になり、上達し、なぜか人に「すごい」と言われるようになり、自分の武器として人生を切り開いてくれるのだ。

人生において気をつけないといけないのは、常識に縛られて自分の武器を活かせないまま終わることだ。

自分の武器を活かせば、人生はもっと楽になる。行動することも結果を出すこともできるようになる。常識に従うことではなく、自分の武器をどこまで活かせるかが大事なのだ。

うつうつとした毎日を送っているなら、一度常識を捨ててしまえ！

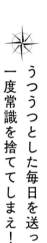

06

AWAKE

自分の武器とは、気がつかないくらいあまりに「自然」に存在しているもの

武器は当たり前の中に潜んでいる

自分の武器とは、自分が自然にやっていることの中にある。

しかし、やっかいなことに、自分にとってはあまりにも自然すぎて自分の武器だと気づかない。

「これくらいできて当たり前でしょ……」と思ってしまうのだ。

自己評価が低い人ほど、そうなってしまう。

しかし、意外にも「これこそ自分の武器だ！」と思っていることではなく、**「これは誰にでもできる」と思っていることの中に、自分の武器が隠されている場合が多い。**

自分の武器を見つけようとするときは、「自分が自然にできること」に目を向けるべきだ。

自分が自然にできること、自然に目が向くこと、ついついやってしまうこと、なぜか考えてしまうこと。そこにこそキミだけの武器が隠されている。

楽しくて好きなことをやる不安

もし自然にできることに目を向けなかった場合、人生は、わざわざ登らなくていい山登りとなる。

山を登る人生は大変だ。本当ならする必要のない苦労をして、一生懸命に取り組まなくてはならない。日々悩み、モチベーションアップの工夫も必要になる。

そして、結局のところたいして登れない。

しかし、自分の武器を伸ばすときはまったく逆で、人生は川を流れていくようにスイスイと進んでいく。あまりにも楽に進むので「これって成長しているのかなぁ」「楽すぎない？」と不安になってしまうほどだ。

私の場合で言えば、人に説明することや、話すこと、書くことは自然にできる。それらは川を下るようにスイスイできる。

誰かにやれと言われなくても自然にやっているし、自然に工夫するし、それゆえ成長もできる。

自分としては好きでやっているだけなので、あまりにも「頑張っている感」がなさすぎて不安になってしまうこともあったぐらいだ。

俺って、楽しいことばかりして成長していないのではないか？

もっと他のことをやって下積み時代を送った方がいいのではないか？

という、ある種、おかしな不安を抱えていた。

楽すぎて、好きすぎて、不安だったのだ。

しかし、それこそが自分の武器を活かすということだ。

自分の武器を活かすとは、好きなこと、夢中になること、それさえしていれば何もいらないことの追求だ。

好きで楽しいことをやっていたら、勝手に成長していた。

知らない間にこんなところまで来ていた。

その感覚で日々を送ることが、自分の武器を活かして生きる人生なのだ。


楽しくて夢中になることをしろ！　それが自分の武器なのだ！

07

AWAKE

自分の「欲求」にただ従う

どうすれば自分の武器は見つかるのか？

これはかなり深いテーマだから、本書の中であらゆる切り口から説明していこう。

本書の方法を試し、少しでも早く自分の武器を見つけてもらいたい。

その一つとして「自分の欲求と向き合う」という方法がある。

自分は何を望み、何をしたいと思い、何に惹かれるか、という問題と向き合ってみるのだ。そこに自分の武器の源泉がある。

では、どうすれば自分の欲求がわかるのか？

普段の自分の生活に目を向けることだ。いつも自分は自然に何をやっているのか、をよく考えてみる。そうすれば自分の欲求がわかる。

結局、大事なことは、自分の自然な姿なのだ。しかし、ほとんどの人は自分の自然な姿を否定しているか、気がつかないでいる。

他人の価値観に振り回され、自分以外の誰かになろうとしているから、いつまで経っても自分の武器が見つからない。

人は自分が本当にやりたいことのためでなければ、行動できない。

続かないし、続いたとしても、それでは幸せになどなれない。

逆に、嫌いなことで間違って成功してしまうと、その後が大変だ。

毎日嫌いなことをして、それにしがみついて生きていかなくてはならない。

しかも、結果は出ない。なぜなら、嫌々やっているからだ。

もしも、私が法律という嫌いな分野で成功してしまったのなら、待っているのは地獄の日々だったはずだ。

私は好き嫌いに敏感すぎて、嫌いなことをやっているとすぐ飽きてしまう。

だからこそ、法律が合わないと思ったとき、法律が嫌いな自分を認め、それでいいと受け容れたのだ。いや、受け容れるしかなかった。

あるがままの自分でいること

合わないものは合わないと認めること。嫌いなことは嫌いと認めること。

それが、人生を変える第一歩である。

多くの人は、**「それが嫌いな自分は間違っている」**と考えてしまう。

そして、嫌いなものを無理やり好きになろうとしたり、欲しくもないものを無理やり欲しがろうとする。頑張って自分を変えようとしてしまう。

しかし、自分以外の別人になることを目指して自分を変えようとしても、うまくはいかない。所詮、自分は自分でしかないことに気づくだけだ。

本当に大事なのは、**とことんまで自分自身であり続けること**なのだ。

自分を受け容れられなかった人、他人から認められなかった人が、自分は自分でよいのだと確信することが、自分を変えるということだ。

自分の自然な欲求に従って生きていれば、無理なく自分自身になっていく。

嫌いなものは嫌いでいいし、好きなものは好きでいいし、やりたくないことはやらなくていい。

ただ自分の欲求に忠実になれば、自分の武器は自然に育つものなのだ。

自分自身を受け容れろ！　それだけでも人生は変わる！

08

AWAKE

武器を活かせない場所ならば
そこにいる必要はない

居場所は必ずある

キミは、自分の武器を活かせる場所にいるだろうか？

もしキミにこれが好きだというものがあり、それでも人生がつまらないのであれば、それは自分の武器を活かせない場所にとどまり続けているからに他ならない。

私は、法律が自分には合わないことを痛感してから、大学には行かなくなった。

その代わり、当時アルバイトをしていた塾に毎日入りびたるようになった。

それはまさしく「入りびたる」という状態で、とにかく毎日ひたすら塾で時間を過ごした。授業がない日でも塾に行き、「池田先生、今日授業でしたっけ？」と他の先生に聞かれ、「あっ、明日の授業の準備を……」と言い訳していた。

本音を言えば、そこにいたかったからいただけだ。

私がそこまで塾に行きたかったのは、塾が自分の武器をとことんまで活かせる場所だったからだ。

私は無類の説明好きであり、とにかくわかりやすく説明することに快感を覚える変態、言わば説明フェチだった。

私が主に担当していた科目は国語だったが、中学生や高校生相手に論理的にわかりやすく指導をするのは、何より楽しかった。

また、それだけでなく生徒たちとの人間関係も私に大きな喜びを与えていた。大学に自分の居場所を見出すことができなかった私は、塾に自分の居場所を見出していたのだ。はっきり言って、給料のことなどまったく考えていなかった。ただただ、自分の武器を活かす喜びを噛みしめながら塾に入りびたっていただけだ。しかし、結果的に、バイト代はどんどん増えていった。

持って生まれたギフトを活かす

人間は自分の武器を活かせる場所にいるときに充実感を覚える生き物だ。とどのつまり、それこそが生きる喜びだとも言える。

与えられた武器、持って生まれたギフトを使ってこそ、私たちの人生は満ち足りたものになり、不思議とチャンスにも恵まれる。

まるで天が**「キミはそれでいいんだよ」**と言ってくれているかのようだ。

逆に、自分の武器を活かせない場所にいると、苦しいことが多い。なぜかトラブルにもよく遭う。人間関係でひどく苦労したりする。**「お前はそこにいるべきではない」**という様々なシグナルが送られてくるかのようでもある。

それさえも無視してしまうと、うつ病になったり、体を壊したりする。

自分の武器を活かせる場所にいるかどうかは、自分の感情に目を向ければ一目瞭然だ。自分の武器を活かしているときは、充実感を感じるし、楽しい。もちろん人生だってうまくいく。

大事なことは、もっともっと自分の感情に素直になり、自分の本音を知ることだ。自分の感情を無視し、自分以外の誰かになろうとすれば、いつかそのツケを払わされることになる。

武器を活かせる場所にいろ！　そこにこそチャンスがある！

09

AWAKE

世間体など、気にするだけムダ

私も世間体にビクビクしていた

キミは、世間体を気にしてやりたいことを我慢していないだろうか？

そんなことは一刻も早くやめるべきだ。

もし、やりたいことを我慢したまま死んでしまったとしたら、どうするのか？

世間体を気にしたところで、世間体はキミに何も与えはしない。

世の中をよく見てほしい。世間体を気にしない人ほど活躍しているはずだ。旧い時代の価値観からは一刻も早く抜け出した方がいい。

とはいえ、世間体のパワーは恐ろしいほどに強い。今はこんな威勢のいいことを書いている私だが、昔はただのチキン野郎だった、というのが本当のところだ。

私は、大学に何の興味もなくなり、行く意味も見失った。

それでも簡単に辞めることなどできなかった。

いつまでもウジウジと「大学はどうしようか……」と考え続けていた。

私は、根は慎重で臆病な人間だ。頭の中で様々な計算をしてから行動に移すタイプで、安易に見切り発車をすることができない。

だからこそ、大学についてもずっと考え続けながらも、現実逃避して忘れようとしていた。大学を辞めるのは、世間一般の基準で考えれば褒められた話ではないし、当時からブログを書いていたので、ネットでバカにされるかもしれない、という恐れも抱いていた。

結局、私が気にしていたのは世間体であり、他人の目だった。

自分の思いのままに進む

しかし、あるとき、吹っ切れる瞬間があった。

「京大を中退して、作家になった男」

そんな言葉が頭に降ってきたのだ。悪くないではないか。当時から本を書きたいと心から願っていた私は、その言葉を思いついた瞬間に、吹っ切れた。

その頃から、「スティーブ・ジョブスも、マーク・ザッカーバーグも中退しているじゃないか！」と、無理やり自分が中退する理由をかき集めた。

実際にはそんな天才たちと自分を重ね合わせても何の意味はない。

どこにでもいるような凡人のくせに、天才たちと自分を重ねるな！　というお叱りもごもっともだ。私も心からそう思う。しかし、中退した天才たちに勇気をもらったのは事実であり、実際に私は中退して、本を書き始めた。

結果として、初めて出した本がベストセラーとなった。そのとき、自分の選択は間違いではなかったと心底思った。

実際に中退してみて、何か困ったことはあったか？

じつのところ、案じていた悪いことは何一つ起こらなかった。

これには自分でも驚いた。今までの自分の心配は、一体何だったのか？

人間というのは、どこまでも起こりもしないトラブルを心配し、来るはずもない未来を憂う生き物だ。心配など、実際にはほとんど起きない。

だからこそ、世間体の強さを自覚していたとしても、それを気にせず自分がしたいように生きることが大切なのだ。

世間体は何も与えてくれない。自分の信じる道を進め！

10

AWAKE

自分をとことん観察すると見えるもの

自分という人間を知るためには

自分の武器を見つけるためには、自分をとことん観察してみるとよい。

日々生きていく中で、何に喜びを感じ、何を楽しいと思い、何が好きで、何が嫌いで、何を避けたいと思うのか。

何が得意で何が不得意で、何であれば自然にできて、何だと自然にできないのか。何に没頭できて、何に注意散漫になり、何に対してなら本気になれるのか。

自分自身がどんな人間なのかを、自己を観察することで発見していくのだ。

自分の武器を知らないとは、自分自身を知らないということでもある。

自分をよく知っている人は、自分をどこでどういうふうにすれば活かせるかを考えている。自分を知らない人は、いつも自分に合わない場所にいて、そのために苦しい思いをしながら、いけないのは自分なのだと自己を否定している。

そして、その苦しさを紛らわせ、少しでも減らそうと努力してしまう。

たとえば、人をサポートすることが得意な人がいるとしよう。

しかし、たまたまくじ引きでその人がリーダーに指名された。

結果は散々で、うまくリーダーシップを発揮できなかった。

しかし、それは当然だ。その人の武器は人をサポートすることにあるからだ。

次に、その人はリーダーとしての失敗に苦しみ、その苦しみを減らすためにリーダーシップを学ぶ講座へ通ったとしよう。

残念だが、そこでどれだけリーダーシップを学ぼうとも、その人はたいしたリーダーにはなれない。

リーダー役の得意な人が、さらに優れたリーダーになるために講座を利用するのはいいが、そもそも向いていない人がリーダーシップを学んでも、時間と労力の無駄なのだ。

ムダな努力に結果は伴わない

要するに、キミはキミだけの武器を磨けばいい。

苦しみを減らすために、向いていないものを向いているかのように自分を変えようとすることほどムダな努力はない。

そんなことをしても、得られる成果はたかが知れている。

成長したとしても、**「人並みにできるようになったから、もう安心」**程度のものだ。安心感を得たところで、人生が大きく変わることもなければ成功することもない。

しょせん、人並みでしかないからだ。

そもそも備わっている自分の武器を活かさなければ、結果も出なければ日々の充実感もない。

恐怖感も強くなり、いつも、できるかできないか、ミスしないかどうかを気にしなければならない人生になる。

そんな人生にならないためにも、己を観察して自分の武器を見つけることが大事なのだ。

己を知り、正しい方向に努力すれば、結果は必ず出る！

「武器」を見つけるための1冊①

『勝ち続ける意志力』

梅原大吾［著］（小学館101新書）

世界で賞金を稼ぎ続けるプロゲーマーとしてギネスブックに認定されている男、梅原大吾氏の初の書籍。「小学生からゲームが好きだった僕は、勉強も部活もしてこなかった。だからこそ、ゲームを通して自分を成長させるのだ。」という箇所が印象的。自分の好きのものに全精力を使い切ること。つまり、自分の武器を活かし切ること。それは、容易なことではない。世間の目や周囲の声。心の葛藤。そういったものを乗り越えて、己とゲームと向き合ってきた男が語る人生哲学は、想像を超えた奥の深さだ。これから自分の武器を活かして生きていく人にとっての必読書。

第2章

自分の武器とは何なのか？

11

KNOW

成功者のマネをすると成功できない理由

越えられない壁には挑まない

キミは成功者のマネをしようとして挫折した経験はないだろうか？

私たちには「持って生まれた武器」がある。

成功者だって、その持って生まれた武器を素直に活かしたのであり、キミも、自分の持って生まれた武器を活かす生き方をすればいいのだ。

ただ、前述もしたが、持って生まれた武器が誰にでもあるということは、生まれながらに持っていない武器もあるという意味にもなる。

だから当然、生まれながらに越えられない才能も存在する。綺麗事抜きにして言えば、越えられない壁は確実に存在する。

しかし、それは悲観することではない。

タイガー・ウッズにできないことでも、キミにできることはある。

イチローにできないことだって、キミにできることはある。

それもまた、紛れもない事実だ。その事実を忘れてはならない。

重要なのは、人と比べて自分ができないことにフォーカスするのではなく、自分にできることにフォーカスすることだ。

キミはイチローになる必要も、タイガー・ウッズになる必要もない。

持っていないものにフォーカスして自分を卑下するのではなく、自分が持っているものにとことんフォーカスするのだ。持って生まれた力、つまりは自分の武器をとことん磨く生き方をすればいい。

自分だけの武器を見定めるには

自分の武器を見つける際に重要なのは、すでに持っているものにフォーカスする姿勢だ。

なぜなら、とかく私たちは自分に「ないもの」にフォーカスし、その「ないもの」を獲得しようとする人生を送ってしまいがちだからだ。

たとえば、俗に言う成功者の本を読めば、たいてい「俺はこうやって成功した」と書かれている。「だからキミもマネするといいよ」とその本は続く。

しかしそれは、その人だからできたのであって、他の人にはできないことなのだ。その人には、そういう方法で成功するための武器がたまたまあったにすぎない。生まれつきそういう武器を持ち合わせていない人が同じことをしても絶対に成功することはない。

たまたまその人と似た武器を持つ、ごく一部の人だけがうまくいき、その他の99パーセントの人は、うまくいかずに自己否定、自己嫌悪に陥ってしまうのが、お決まりのパターンである。

成功者と呼ばれる人たちは、自分にできたことは他の人にもできると思い込みやすい。また、そういう成功本は、成功者の成功法則を自分もやらなければ！という思いが生まれるように書かれている。

しかし、それが最大の落とし穴なのだ。成功者の成功法則はキミの成功法則ではない。キミには、成功者と同じ武器があるとは限らない。「ないもの」を獲得するのではなく、「あるもの」を磨き続けることが大事なのである。

人マネをするな！　自分の持っているものにフォーカスしろ！

12

KNOW

自分の武器を活かすことは自分を愛することに等しい

自分は自分にしかなれないと知る

自分が嫌いな人は、自分以外の人間になろうとする。

自分が嫌いな人は、過去に、あるがままの自分を受け容れられなかった経験をしていることが多い。

そういう人ほど、他人の成功物語に憧れ、その人と自分を同一化して、自分以外の誰かを必死になって目指してしまう。そうやって自分以外の誰かになれば、世間に受け容れられる、認めてもらえると思うからだ。

自分を嫌っている人は、寂しい、愛してほしい、自分を見てほしいと強く思っている。しかし、自分自身のままではそれがかなわないと思い、自分以外の誰かになりたいと願う。だが、結局のところ、自分は自分以外の人間にはなれない。

その事実は、絶望に思えるかもしれない。

しかし、それは絶望ではなく、希望だ。

自分以外の誰かを目指そうとすることこそが、絶望につながる道なのである。

何を隠そう、私自身、自分のことが大嫌いだった。

自分以外の誰かになりたいといつも願っていた。

自分の弱さを否定し、隠し、必死になって強がっていた。

バカにされるのが何よりも怖くて、内心いつもビクビクと怯えていた。

女子と心の距離を縮めるのも苦手だった。

特に、コミュニケーション能力の高い女性はやっかいな存在だった。そのコミュニケーション能力の高さについていくのに必死で、ひたすら疲れていた。

そして、そんなことではダメだと自分を否定し、無理にコミュニケーション能力が高いフリをしてみるものの、結局、空回りばかりして、舐められていた。

何年もずっと、そんなふうにして生きていた。

正直、つらかったし、毎日大変だった。

自分を愛することの大切さ

自分以外の誰かにならなければいけないという意識は、いつも自己否定となって己に刃《やいば》を向ける。

だが、自分を否定している限り自分の武器を活かす生き方はできない。なぜなら、自分が嫌いなとき、人はひたすら「ないもの」にフォーカスするからだ。

しかし、それだと「ないもの」を獲得しようとする人生になってしまう。

前述したが、自分の武器とはすでに「あるもの」である。

自分の武器を活かす生き方とはそうしたすでにあるものを磨く生き方だ。

自分にあるものにフォーカスできるようでなければ、自分の武器など見つけることはできないし、もちろん、それを活かす生き方だってできない。

そうした自分だけの生き方をするには、自分の中にあるものに気づく必要がある。では、その状態には、どうすればなれるのか。

自分を愛することだ。自分を愛し、受け容れ、認めることからすべては始まる。

己を愛することができたとき、人は、自分の武器を活かす生き方ができるようになるのだ。


己を愛し、認めろ！　それが自分の武器を発見する最良の道だ！

13

KNOW

「武器」が「弱点」になってしまうとき

弱点に隠されているもの

キミは、「今弱点だと思っていることが武器だ」と言われたら、驚くだろうか？

自分が嫌いだと、武器でさえも弱点と思いがちだ。

すでに話した通り、武器とは自分に「あるもの」なのだが、自分が嫌いだと、自分にある武器まで嫌ってしまうからだ。

私の話で恐縮だが、もう少し体験談を話そうと思う。

先にも少し触れたが、私の武器の一つに「説明力」がある。その基になっているのが「共感力」だ。相手の気持ちを察し、理解を示すこと。

小さい頃からの体験も影響し、自然にそういった力が伸びた。自分では特に何か努力したわけではなく、そうした特性は自分にとって当たり前だった。

その共感力を生かすことで、私は講師業をしたり、物書きとして文章を書いたり、コーチングやカウンセリングを通じて人と向き合っている。

振り返ってみれば、私はいつだって共感力を使って生きてきた。

しかし、この共感力が自分の武器であることに気づいたのは、じつは最近のことなのだ。

それまでは逆に、共感力を否定し、ネガティブなものだと捉え、捨てようとさえしていた。ここが、今回の話の最大のポイントだ。

嫌な経験が武器を弱点に変えてしまう

私は昔から、一つのグループに所属することができない。どのグループにも共感を覚えるから、いろんなグループに顔を出してしまう。

私が小学生の頃のこと。私は「サッカー友だちグループ」と「不良友だちグループ」の二つに所属していた。

どちらの友達も大事で、どちらのグループにいても楽しかった。だから、両方のグループとも仲良く遊んでいた。しかしそうなると、互いの遊びの日程が重なってしまい遊べないときがある。結果として、私は、二つのグループから「あいつは何なんだよ、中途半端な奴だな」と思われてしまった。

そして、私はその二つのグループからいじめられるようになった。

互いのグループに共感することによってどっちつかずになり、結局、どちらからも嫌われてしまった。

その頃から私は自分の共感力を忌み嫌うようになった。**「こんな面があるせいでみんなから嫌われた」**と思うようになったのだ。

自分が自然にやっていることによってトラブルに巻き込まれた結果、自然な自分を否定するようになり、そんな自分を変えなくてはならないと思うようになった。私は「鈍感になりたい」とすら願うようになった。

その頃から「あるもの」を否定し「ないもの」を欲しがるようになった。

キミにも、そんな経験はないだろうか。自分が自然にやっていることによってトラブルが起こり、否定される。そして、自分の一面がひどく嫌になったという経験はないだろうか？

自分の嫌な一面と向き合え！

14

KNOW

自分の武器を見失ってしまう理由

「否定」が武器を奪ってしまう

キミが自分の武器を見失ってしまうのはなぜなのか？

それは、キミが人生のある時点で自分本来の姿を否定され、違う自分にならざるを得ない状況に置かれたからだ。

その結果、**本来の自分の内側から湧き起こる欲求に「ＯＫ」を出すことができなくなってしまったのだ。**

よくあるパターンは、対人関係において、とにかく人から好かれるために、嫌われないために、愛してもらうために、自分以外の何者かになろうとすること。

違う自分にならざるを得ないような経験を積んだことだ。

たとえば、自分の自然な欲求に従って生きていると煙たがられたり、否定されたり、もっとおとなしくしろと言われたりして傷つくことがある。

その結果、自然な自分を否定するようになってしまうのだ。

しかし、人間が一番力を発揮するのは、好きなことをしているときであり、自分の欲求に従って生きているときだ。

それは自然なことなので、頑張って努力しなくてもできるし、それをすること自体が自分の喜びにつながっていく。

欲求を隠さないで生きる

しかし、自分を否定しているときは、その自然な自分を表現することができない。

それをしてはいけない、と心のどこかでブレーキをかけるからだ。

そんなことをしたら嫌われる、と思ってしまうのだ。

そのとき、人は自分の武器を弱点と認識してしまう。

それは隠さなくてはいけない。出してはいけない。そんなことをやろうとしてはいけない。そんなことをしたら愛されない。評価されない……。

そう思い、自分の武器を隠して、否定して、弱点だと思って生きていく。

そうすると、人生そのものが苦しくなってしまう。

自然な欲求を満たすことができず、求めることもできず、本来無理せずとも出る結果も出せない日々。

大事なことは、その真逆をやること。**自然な欲求を満たそうとし、求めるがままに行動し、表現したいように自分を動かすのだ。**

自分が本来持っている武器を認識し、それを活かしていく。するると、毎日が楽しくなり、望む結果を自然な形で手にすることができることだろう。

人が自分の武器を見失ってしまう理由――。

それは、本来の自分を否定されたから。

そして、否定された事実を自らが受け容れ、自分で自分を否定してしまうからだ。

誰かに否定されてもいい。しかし、自分で自分を否定するな！

15

KNOW

武器の使い方は人それぞれ

武器の使い方を知る

自分の武器には使い方というものがあり、それは人それぞれ千差万別だ。

私はこれまで若者を中心に多くの人と直接向き合い、相談に乗ってきた。

その中で、私のように共感力が武器である人に出会ったケースもあるが、面白いことに、その武器の使い方はまったく違うものだった。

同じような武器であったとしても、その人らしい武器の使い方がある例として、書かせてもらう。

その人物は、私と同じように周囲が何を感じ、どう思っているかということに敏感だった。

つまり、共感力の高い人なのだ。

しかし、私と出会った頃は、彼も自分の共感力を弱点と思っていたようで、内側に籠って自分を出さないようにしていた。

最初の印象は引っ込み思案でおとなしい人というものだった。

しかし、彼は、本当は楽しいことが大好きで、みんなでわいわいやりたいという強い願望を持っていた。

ただ、その願望に自分で許可を出せていなかったのだ。

自分の武器とは「自然な自分の状態」であり、彼の「共感力」や「楽しいことが好き」という特性は、まさに彼の武器そのもの。

しかし、**彼は自己否定が強かったがゆえに、その二つを弱点だと思い込んで生きていた。**

その結果、人生が苦しくなっていたのだ。

武器を活かせば人生は楽しい

しかし、私とのセッションを続けていくうちに、彼は自分自身の願望に許可を与えることができるようになっていき、そこから大変貌を遂げた。

あれだけ引っ込み思案でおとなしかったのに、別人のように面白い人間になった。

いつでも面白いことを言おうと頭を働かせ、実際に面白いことを言うようになった。

元々共感力が高いので、いつどのタイミングで何を言えば面白いかが努力せずとも感覚的にわかるのだろう。

いつも面白いことを言って周りを笑わせるエンターテイナーとしての自分の武器を開花させていくようになった。

自分が弱点だと思っていたものこそが自分の武器だと気づいたのだ。

私は共感力を、文章を書くことや人との対面セッションで使う。

それに対して彼は、エンターテイナーとして、持ち前の共感力を使い出した。

このように、**自分の武器とはオリジナルなものであって、その活かし方や使い方は人によって違うし、違っていいし、違っていて当然なのだ。**

キミはキミなりの方法で、自分の武器を活かしていけばいい。


自分の武器を扱えるのは、自分だけだと自覚しろ！

16

KNOW

褒められたことを思い出してみる

成功体験を振り返る

人は、自分を受け容れられないときや、自分を嫌いなとき、自分を冷静に評価することができないものだ。その結果、自分の武器が何なのかがわからないままに生きてしまう。

キミにも自分の武器を、知らず知らずのうちに活用しているときがある。しかし、そのことに気づいていないので、その恩恵を受けている事実も記憶に残っていないのだ。

じつはキミの武器は、キミのことをいつでも助けてくれている。

一旦、冷静になってニュートラルな視点でキミ自身の人生を振り返ってみてほしい。

キミは、どんなことで結果を出してきただろうか。

数字で表せるようなわかりやすい結果がある人はそのことを思い出してみてほしい。そういうものがパッと思い浮かばない人も、本当はあるのに思い出せないだけかもしれない。

少し時間を取ってその作業をやってほしい。

仮に、それでも何も出てこないとしよう。

その場合、数字には現れにくいものがキミの武器なのだ。

褒められたことの中に自分の武器がある

パッと思い出せるものがない人は、人から「褒められたこと」を思い出してみるといい。

大げさなものではなく、ほんの些細なことで構わない。

誰かに言われたちょっとした一言を思い出してみてほしい。

言われて嬉しかったこと、なぜかわからないが褒められたこと、どうしてかわからないが人より早くできること。

もしくは、自然すぎてどうしてもそれをすごいとは思えないこと。

そういうものがキミにもあるはずだ。**まさにそれがキミの武器だ。**

ただ、自分できちんと評価していなかったり、見ないように意識していたりしているので、自分の武器だと認識できていないのだ。

そして、せっかくの武器を活かせないままでいる。

だからこそ、この機会に直視してみてほしい。

具体的な事実をよく観察してみるのだ。

自分を責めているときは、そもそも自分はダメだと思い込んでいるため、具体的な事実をきちんと把握できないことが多い。そうではなく事実だけを直視すれば、自分にもできることがあると気づくはずだ。

（どうしても何も見えてこない人は、まずは自分を愛すること、自己評価を高めることから始めてほしい。詳しくは、次章以降に書いていく）

いずれにしろ、キミが自然にやっていることは、人から見ればじつは**「すごい強み」**だったりする。そして、それを認める姿勢が自分の武器を見つける結果へつながるのだ。

自分が簡単にできることを思い出せ！
武器はその中に隠れている！

17

KNOW

「何でみんなこれができないの？」の「これ」こそが自分の武器

簡単にできることに着目する

キミには、「何でみんなこれができないのだろう？」と思ってしまうことはないだろうか？

少し嫌な奴になるくらいの気持ちで思い出してみてほしい。

これをやればうまくいくのに……。

こうすればいいのに……。

何でこれをやらないのだろう……。

そう思って、少し他人を見下してしまうようなことだ。

そこで出てくる「これ」は、紛れもなくキミの武器だ。

他人を見下してしまったり、イラだってしまったり、責めたくなってしまうようなこと。

それこそが、キミの武器なのだ。

とはいえ、他の人はそれを武器として生まれ持たなかっただけのことだ。キミにそれができたからといって、特にキミが偉いわけではない。キミにも他人から

「何でこうしないの？」と思われることがあると思う。

それぞれ配られたカードが異なっているにすぎず、そこに優劣はない。

たとえば、物事の整理整頓なら当たり前のようにできるし、そうしないと気持ち悪い人がいれば、逆に物事の整理整頓が苦手で、それを強要されると気分が悪くなる人もいる。

面白そうなものを見つけると、見切り発車ですぐに行動を起こす人がいれば、熟考を重ねてから重い腰を上げる人もいる。

それは持って生まれた性質であって、変えようがないし、変える必要もないものだ。

自分と他人の武器を認める

「もっと行動しろよ」と人に言いたくなるのは、素早く動くのが武器だからだ。

「もっと考えろよ」と誰かに言いたくなるのは、思考することが武器だからだ。

両者は本来、責め合うのではなく、手を取り合って助け合うべき関係なのだ。

責め合えば、何も生まれないどころか悪影響が出るが、手を取り合えれば、自分一人の成果を大きく上回る結果すら生み出すことだってできる。

苦手の部分を補い、得意なことに集中できるからだ。

人間には唯一無二の完全形があるわけではない。それぞれにできることも、できないことも存在する。

そして、その人間同士が補い合う凸凹加減こそが「完全」なのだ。個人としての完全な形など目指さなくていい。重要なのは、**人間の多様性を認めることだ。**

つまり、今現在できること、できないことがあるキミでいいのだ。

そう認めることができたとき、自然に他人の存在を認められ、手を取り合い、苦手を補ってもらいながら人生を前に進めることができるだろう。

それはつまり、自分の武器を認め、他人の武器も認めることでもあるのだ。


自分と他人の武器は違う。

違いを認め、助け合えば、人生はうまくいく！

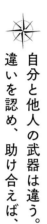

18

KNOW

武器を現在の環境で活かす

環境の移り変わりを察知する

自分の武器を活かして生き、何かしらの結果を出したいのであれば「時代」や「環境」をよく見つめなければならない。現代という時代や環境をよく観察すれば、自分の武器はより活かしやすくなる。

たとえば、現代では、昔はなかったネットやスマホが当たり前のように存在している。

これらは、ビジネスを考える上で決して無視することはできない存在だ。

当たり前だが、ネットやスマホがある時代とない時代で、どう生きていくか、どう戦略を立てていくかはまったく違ったものになる。

自分の武器は変わらないが、時代は変わり、環境も変わる。

だからこそ、どのように自分の武器を活かしていくかを考える必要があるのだ。

前にも触れたが、私は説明すること、すなわち「説明力」が武器だと思っている。

説明することに快感すら覚える変態である。

説明を必要とする場所はいろいろあり、私は実際に塾で講師をして、そこでその力を活かしていた。

それと同時にブログを書き続け、そこでも同じ説明力を活かしていた。

もし、私がブログを書かずに塾講師をずっと続けていたとしよう。

確かに自分の武器を活かせてはいる。しかし、塾講師を続けていただけでは、本を書くことはできなかったはずだ。ブログを書き続けることで、ネット上で人気が出て、本を書くようになったのが私の人生だ。

ということは、ブログを書かなければ本を出版することもなかったはずだ。

もしブログを書くことなく、ネットも使わず塾の先生だけをやっていたら、普通の講師として生涯塾での指導を続けていたかもしれない。

もちろん、それが悪いわけではない。

環境に沿った武器の使い方を考える

私が言いたいのは、**自分の武器は同じであっても、その使い方によって人生はまったく変わってくるということだ。**

時代や環境をよく見て、自分の武器をどう使うのかを冷静に考える。

それだけで、生き方も結果も大きく変わってくる。

もちろん時代や環境に合わせるだけが人生ではない。

愚直に過去と同じやり方を続けていくのも一つの方法だ。

ただ、環境の変化に目を向け、自分の武器の活かし方を変えるだけで人生が変わるのもまた事実だ。環境の変化を見きわめるためには、世の中をじっくりと観察することが必要になる。

自分の感情や、周囲の行動、出回る情報。そういったものに対する感度を高めておく。「今、何が起こっているのか」に敏感になっておく。

そうして環境に目を向け、それに合わせて武器の活かし方を変えていけば、自分の武器が同じでも、結果はまったく違うものになっていく。


武器は変わらずとも環境は変わる。

変化に合わせた武器の使い方をしろ！

19

KNOW

日本で一番売れた本から学ぶ自分の武器を見つける技術

「悪いところ」は直すべきか？

キミは、日本で一番売れた本は何か知っているだろうか？

それは、長寿番組「徹子の部屋」でお馴染みの黒柳徹子さんが書かれた『窓ぎわのトットちゃん』（講談社青い鳥文庫）だ。

「トットちゃん」とは、黒柳さんの小学校時代のあだ名で、この本は黒柳さんご自身の小学校時代の体験を基に書かれたもの。

じつは、**日本で一番売れたこの本の中には、自分の武器を見つける技術が詰まっている。**

トットちゃんは元々、好奇心旺盛で落ち着きがなく、学校の中でも目立つ子どもだった。あまりにも落ち着きがないので、学校の先生から、「キミがいるとクラス中の迷惑になる」と言われ、小学校1年生のとき、それも2～3カ月通っただけで、学校から退学勧告が出される。

「あなたはそのままでは『問題あり』だから、ここにはいられません。その問題を直す必要があります。そのままではいけません」と学校から告げられたのだ。

キミの武器は、武器ではなく弱点なのだ、と宣告された瞬間である。

しかし、そのときお母さんが小さいトットちゃんにかけた一言は、**「違う学校に行く？」**だった。

トットちゃんに対して「退学」という言葉は決して使わず、退学させられたという意識を与えることもせず、トットちゃんの悪いところを直そうとすらしなかったのだ。

普通はそうはいかないだろう。

自分の武器を潰されないためには

一般的な大人は、退学させられた子を問題児扱いして、価値がないと見なし、そのことを子どもに伝え、子どもの自尊心や自信、自己肯定感を奪ってしまうだろう。つまり、「悪いところ」を直そうとするのだ。

これでは、子どもたちに自然に供わっている可能性は抑圧され、欠点扱いされてしまうだろう。

そういう扱いを受けた子は、自分の武器を弱点だと認識し、自分には「問題がある」と思い、必死に好かれるため、愛されるために、本来の自分を偽らざるを得なくなっていく。それに対し、前述のトットちゃんのお母さんの対応はまったく正反対であり、彼女から自尊心、自分を愛する心を奪うことのない行為だった。

しかし、世の中はトットちゃんのお母さんのような愛や大きな視点を持つ大人ばかりではない。

もちろん悪気はなく善意からくる指導なのだろうが、結果として子どもの可能性を潰してしまう人もたくさんいるのだ。

もしキミが過去に同じような経験があるのなら、そのときに自分の武器を弱点扱いされなかったかどうか、じっくりと考えてみてほしい。

それだけで、本来の自分の姿を思い出せるかもしれない。

嫌な経験に、自分の武器を潰させるな！

20

KNOW

弱点扱いされてしまった自分の武器を取り戻すために

誰しも「本当はいい子」のはず

『窓ぎわのトットちゃん』の話を続けよう。小学校を退学させられたトットちゃんが次に通ったのは、「トモエ学園」という学校だった。

このトモエ学園には、時間割がなかった。学校が始まると黒板に全科目の問題が書き出され、好きなものから順番に勉強してよい、というスタイルだった。

トットちゃんは、文章の朗読が大好きで、文章の朗読ばかりをやり出す。トモエ学園の生徒も、みんな興味関心があって、追求したいと思うものを各々が自由に取り組んでいた。これが普通の学校であれば、文章の朗読ばかりするトットちゃんは問題児扱いされ、嫌いな科目を無理やりやらされ、それができないと落ちこぼれと見なされたはずだ。

普通の学校であれば、文章の朗読が好きというトットちゃんの武器が、弱点扱いされる。しかし、トモエ学園ではそんなことにはならなかった。

トモエ学園でも、トットちゃんの好奇心はとどまることを知らず、落ち着くこともなく、一般的に問題とされることをたくさんした。

しかし、校長先生はどんなことがあっても一度も親を呼び出すことはせず、いつもトットちゃんにこう言っていた。

「トットちゃんは、本当はいい子なんだよ」

自分を否定せず、ありのままに生きる

前の学校では、叱られ、変われと言われ、そして最後は「迷惑だ」とまで言われ、学校を退学させられてしまったトットちゃん。

しかし、トモエ学園の校長先生は、いつもトットちゃんの心の奥にあるものを見ていた。

問題児扱いされることが多かったトットちゃんだが、問題だとされる行動こそが本当はトットちゃんの武器であり、最もよいところと気づいていたのだ。

問題とされることを起こすような好奇心旺盛で明るく元気な性質こそがトットちゃんのいいところだと校長先生は見抜き、周りに流されぬよう、「本当はいい子なんだよ」と言い続けた。

ちなみに、黒柳さんは本当に1日10回はそう言われていたそうだ。

そう言われたおかげで、彼女は「はい、わたしはいい子です！」と言い、決して自分を否定せず、責めず、自分で自分を愛し、ちゃんと自信を持って生きることができた。

一度は自分の武器を奪われそうになったものの、トモエ学園の校長先生の本物の教育が黒柳さんの人生を変えたのだ。

大切なことは、自分を愛し、自分を信じ、自分を活かすことだ。

キミはこれまでの人生の中で、否定され、責められることが多々あったかもしれない。

しかし、キミは本当はいい子なのである。

自分を否定し、責め、変える必要など、まったくないのだ。

人から言われた否定の言葉で、自分を変える必要などない！

21

KNOW

「過小評価」が自分の武器を見えなくさせてしまう

手抜きブログの反響

私は日々ブログを書き続けている。

その中で一つ気づいたことがある。

それは、自分では当たり前だと思っている話が、意外にも人から喜ばれて感謝されるということ。自分がそれほど評価していない自分の持っているものを、想像以上に人から評価されるのだ。

とある日のこと。

その日は珍しく、なかなかブログの記事を書くことができなかった。

どうしても、いいネタが思い浮かばない。

コーヒーを飲んだり、ゴロリと横になったり、車を走らせたり、再びコーヒーを飲んだりしたが、どうにもアイデアが湧かない。

どうしても書けなくて、最終的に、いつもよりも基本的な話を書くことにした。

「こんなこと、当たり前だろう」「みんな知っていて、面白くないだろう」と思うことを書いてみた。

正直に言ってしまうと、手を抜いたのだ。

いいことを書こうするのではなく、楽に、自然に書いてみた。

すると、**いつも以上に反響を呼び、その記事に対する感謝のメールが何通も届いたのだ。**

これには自分でも驚いた。

当たり前のことだって評価は得られる

しかし、よくよく考えてみれば、人間、自分が好きで自然にやっていることについては、そうでない人の何倍、何十倍、何百倍もの時間を費やしているものであり、何度も何度も繰り返しそのことについて考えているはずだろう。

しかし、その思索は自分だけの行為であって、誰もがそこまで考え抜いているわけではない。

何度も繰り返し考えている自分にとって「すごい！」と思う話は、一般的な人からすると難しい内容になってしまうこともある。

だから、自分では「すごい！」と思って書いたとしても、ブログの読者からは

「何言っているのかわかりません」というコメントが多い。

自分の当たり前は、他人の当たり前ではない。

自分が少し手を抜いて書くくらいが、読者からするとちょうどいいのだ。

この経験から何が言えるかというと、**私たちは、自分の武器に対して過小評価する傾向にある**ということだ。

自分にとっては当たり前で日常的に行っていることでも、それは周囲にとっては当たり前ではなく突出していることになかなか気づけない。

つまり、自分の武器に気づけないのだ。

そうならないよう、自分をしっかりと評価してあげよう。

キミがやり続けてきたことは、他の人にとっては当たり前ではないという事実を忘れてはいけない。


当たり前のことに目を向けろ。それが他人から評価される！

22

KNOW

武器は人間関係の中でこそ見つかる

人間関係の中から見出せるもの

自分の武器を知るためには、意外に思うかもしれないが、「人間関係」も重要になってくる。

なぜ人間関係が重要なのか。

私たちは、自分一人では自分を客観的に知ることはできないからだ。

私たちは自分の武器ほど過小評価してしまう傾向にある。

それは前項でも書いたように、自分にできることはあまりにも当たり前すぎるからだ。

当たり前のことを武器と評価するのは難しい。

私たちは、あくまでも「私」というフィルターを通してこの世界を見ている。

いや、むしろ、私というフィルターを通してしかこの世界を見ることはできない。

だからこそ、客観的に見れば自分の武器となり得るものでも、自分の世界だけに留まっていれば、その武器に気づかないのだ。

そこで大切なのが、人間関係だ。

私はブログを書いていて、読者の反応から、自分が当たり前だと思うことでも人の役に立てるのだと気づかされた。

それと同じように、人とかかわる中で、自分がどういう力を持っているのか自覚するときがある。

人とのつながりを大切にする

私は今まで、多くの自分探しをする若者と対話してきた。

ただ、彼らの多くは、自分だけの世界に留まっていて、人とのかかわりの中で自分を知ろうとする機会があまりにも少なかった。

それゆえ、若い人たちは、当たり障りのない人間関係しか築けない場合も多い。そうなると、会話は表面的なものになり、自分に対するフィードバックもレベルの低いものとなる。

他者との深い人間関係を築けないがゆえに、自分のこともよくわからないままになってしまう。

そういう若者に限って、深く悩んでいたり答えが出ずに苦しんでいたりする。

もちろん、自問自答はとても大切だ。

しかし、自分だけでは自分のことがよくわからないのも事実だ。

人間関係を構築し、そのかかわり合いの中で、人は自分をより深く知っていくことができる。

自分と向き合うこと、自分と対話していくことに加え、人と、社会とつながっていくこと。

つまり、他人とかかわっていく中で、自分がどういう存在なのか、自分は何者なのか、自分の武器は何なのか、に気づいていくことができる。

人間関係の大切さを忘れないでほしい。


自分の殻に閉じこもるな！

人間関係の中にこそ自分の武器が見つけられるのだ！

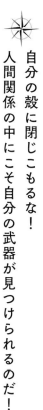

23

KNOW

向き合うのが気恥ずかしい人に あえて質問してみる

どうしても武器がわからないなら

自分の武器を見つけるために有効な方法は、他人に聞いてしまうことだ。

自分では短所と思っているまさにその一面が、人から見ればキミの長所であるなんてこともあり得る。

だけどそれは、相手に聞いてみなければわからないことだ。

自分一人で勘違いしていることも多いのだ。

私は一人でいる時間が多いのだが、あまりにも長く孤独なまま仕事をしていると、ふと自分がわからなくなるときがある。

ブログや本の原稿を執筆しているときも、自分の文章がわかりやすくて面白いものになっているのか、自分一人では判断できない場合が多い。

読者の声や感想をもらうことで、今の自分の文章の立ち位置がよくわかる。つまり、人との関係の中でこそ、自分のことがわかる。

自分の武器についても同じで、自分の武器は自分では気づきにくい。

社会で人と交わる結果、他人からの一言、人間関係などを通じてつかんでいくものなのだ。

身近な人に聞くメリット

ということで、ぜひ一度、キミをよく知っている人に「自分についての意見」を聞いてみてほしい。

普段、私たちは生活する中でお互いについて深く語ることはない。

特に、身近にいる人ほどそうではないだろうか。

いつも近くにいて、自分のことをよく知っている人と、面と向かってお互いの話をするのは気恥ずかしいものだ。しかし、そう感じる人ほど心と心でつながっているので、よく自分を見てくれている。お互いの性格をよくわかっていて、そのわかりきっている性格をあえて言語化するところに気恥ずかしさを感じているわけだ。

「気恥ずかしい」ということはつまり、**「よくわかり合えている」**ということでもある。そういう人ほど、キミの奥にあるキミのいいところを見てくれている場合が多い。

「俺に武器があるとしたら、何だと思う？」

「私のいいところって、どんなところかな？」

と、そういう人にこそ、聞いてみてほしい。

聞いてみれば、自分の意外な一面を発見できたり、今まで気づかなかった自分のよさを見出すことになるはずだ。

意外にも、隠しおおせていると思っていたところが隠せていなかったと驚くこともあるだろう。周囲には案外いろいろとバレているものだ。

キミが本当は優しいことや、臆病なことも。

この「本当は」の部分は、案外周囲には伝わっているものなのだ。

それと同様、自分の武器についても、周囲には予想以上に認められていて、気づいていないのは自分だけであることが多い。

自分の武器を知りたいなら、あえて身近な人に聞け！

24

KNOW

成功者に光と闇があると言われる根本的理由

武器が「闇」になるとき

華やかな成功の裏には、深い闇が……。などという話題がテレビなどで取り上げられることがある。

なぜ、成功者には「光と闇」があるとよく言われるのだろうか？

それは、光と闇は同じものから生まれているからだ。

というか、光と闇は結局、同じものなのだ。

同じものが違う表れ方をしているだけだ。

たとえば、私は自分を責めたり、人と比較したり、人の目を気にするという性格で深く悩んだことがあった。

なぜそこまで他人に振り回されやすくなってしまうかというと、「共感力」が高いからだ。

共感するということは、周囲の影響を受けやすいということでもある。

結果、自分の心の状態が悪ければ、頭の中で勝手につくり上げた他人が自分を責め始める。

現実には何も言われていないのに、「嫌われた」と思い、その思いにとらわれてしまう。

これは「闇」の部分と言えるだろう。

武器が「光」になるとき

しかし、私はこの共感力を使って、様々な結果を出してきた。

共感力がなければ現在の結果は出ていないはずだ。

これは自分の武器の「光」の部分と言える。

ということは、結局のところ、光も闇も根っこのところは同じなのだ。

武器と弱点は、同じものからできている。

武器はそのまま武器として活かせるし、弱点にもなり得る。

自分の状態が悪い場合、武器は弱点になってしまうし、逆に、自分の状態がよい場合には、武器は自分の人生を切り開いてくれるだろう。

では、「自分の状態がよい」とはどういうことだろうか。

それは、自分を愛している、自分に価値を感じている、自分は自分でよいと思っている、自己受容できている、といった状態だろう。

この状態にあるとき、私たちは自分の武器を十分に活かしつつ、充実感と幸福感にあふれた状態で生きていけるようになる。

だからこそ、自分の状態をよくすることが大事なのだ。

では、どうすれば自分の状態はよくなるのか。

そのことについて、次章から扱っていこうと思う。


自分の武器には「光」と「闇」の両面がある。

それを踏まえた上で「光」にする方法を理解しろ！

「武器」を見つけるための1冊②

『偏屈のすすめ。』

フランソワ・ポール・ジュルヌ［著］／高木教雄［訳］
（幻冬舎）

時計ブランド「F. P. JOURNE」創始者の自伝。日本ではあまり知られてないブランドではあるが、世界各国の時計愛好家が最終的にたどり着くブランドと言われる。子どもの頃に時計をつくることを「イージーで楽しい」と感じた著書は、その後も時計をつくることにしか関心がなく、興味のないことは一切しない。会社の経営なども社員にとにかく任せる。完全なる「自分の武器」をとことん活かす生き方の実践者であり、「偏屈」な男。まさにそうやって偏屈であることこそが自分の武器を活かすことであり、自分の武器を活かした人間がどこまでいけるのかを生き様を通して教えてくれる。

第3章

自分の武器を見つけるために大事なこと

25

PRIDE

自分の武器を見つけるための大前提とは？

武器を見つけるために欠かせないこと

結論から答えてしまうが、それは、卑屈にならないこと。自分を愛すること。自分自身に価値を感じること。自分に「ＮＯ」ではなく「ＹＥＳ」を出すことだ。

この大前提がないと、キミは自分の武器を見つけることができない。

見つけたとしても見つからないことにしてしまい、人から見つけてもらっても認めないだろう。卑屈になり、自分を愛せず、自分に価値を感じられないと、武器などそもそもない前提で自分や人生をとらえてしまうからだ。

そういう前提は揺らぐことがない。

だから、どれだけ成功法則についての本を読んだり、人からよいところを言ってもらったり、「これが武器だよ」というメッセージが送られても、とにかくそれを拒否してしまう。

たとえば、小説を書いてみたいな、と思った人がいるとしよう。

その人は小説を読むのが大好きで、自分でも書いてみたいと思った。

しかしそこで「自分には価値がない」と思ってしまうと、自分が書く小説に

「ＯＫ」を出すことができなくなる。

俺なんかが書いていいのかな、どうせ誰も読んでくれない、きっと面白くない、ヘタくそな小説を書いたら悪口を言われるのでは……。

そうやってネガティブな考えがどんどん生まれてきて、書けなくなってしまう。

そして、書けなくなると「書く練習」もできなくなってしまう。こうして、せっかくの武器も磨かれないままになってしまうのだ。

自分の欲求を思う存分活かそう

生まれてきた自然な欲求に従って行動を重ねるからこそ、武器は磨かれていく。

書いてみたいなという欲求は、その人の武器そのものだ。

書いてみたいという欲求は誰にでも持てるものではない。

書いてみたいという欲求そのものが人生を飛躍させる大事な「芽」だ。

しかし、自分で自分に価値を見出せないとき、その芽は枯れてしまう。

自分を評価できない。自分に価値を感じられない。自分に「ＯＫ」を出せない。

結果、自分の欲求を否定したり、ないものにしてしまう。

本当は、そんなことはしなくてよいのだ。

自分の欲求は、自分の武器になるのだから。

もっと自分を大事にしてほしい。

ヘタでもいいし、うまくいかなくてもいい。やりたいと思ったことにとにかく取り組んでみること。

最初からあきらめる必要などないし、**誰かの許可もいらない。**

やってみたい欲求に自ら許可を出すことが大事で、そういう生き方をするからこそ、自分の武器も磨かれていく。

武器があるから自信を持てるのではなく、根拠があろうがなかろうが、自信をとにかく持つことが大事であり、そこで初めて武器を武器と認識でき、磨いていけるのだ。


自信を持って欲求に従おう。間違いなくそれが武器になる！

26

PRIDE

天才に勝つ方法

天才と自分を比較しない

世の中には、天才と呼ばれる人がいる。

そして、多くの人は天才を前に卑屈になってしまう。

しかし、天才は生まれたときから天才なのであって、自らの努力を重ねてそこに至ったのではない。

たまたま配られたカードがよく、その時代の価値観にマッチしていたのだ。

たとえば、トランプをしているとき、たまたま配られたカードがよかった人に劣等感を抱いたり、卑屈になったりするだろうか？

しないはずだ。それと同じで天才を前に卑屈になる必要などない。

いたずらに自分を下げなくていいし、悲観しないでいいし、キミは自分に誇りを持てばいいのだ。

受験生時代、私は数学が苦手だった。

その苦手意識は昔からあり、いつも数学に足を引っ張られていた。

同じ大学、同じ学部を目指す友だちの中に、数学の天才がいた。

一度たりともテストでその友だちに勝ったことはなく、当時はよく劣等感を抱いていた。

もっと頭がよく生まれていれば、こんな成績にはならなかった。

元々持って生まれたものが優れていれば、こんな気持ちにはならなかった。

うまくいかないことがあるたびに、そんな思いが頭をよぎった。

テストで負け、模試でも負け。

まだ10代だった私は、負け続けていく中で、何度も自分の能力を呪うような気持ちになった。

自分のやり方で前に進むだけ

しかし、劣等感を持ち続けたところで何も変わらない。

自分を嫌っても、自分を呪っても、いいことなど一つもない。

自分は自分のペースで、自分のやり方で前進するしかない。

そう思い直し、勉強を続けた。

うまくいかないことがあれば丹念にその原因を追究し、二度と同じ失敗を繰り返さないよう、同じ問題を何度も解いた。

正解しても「これは覚えてしまっているだけなのでは？」と自分を疑い、類似問題をたくさん探してきて解いた。何度も解いた。

結果、センスに頼らない、土台がしっかりした本物の実力が身についた。

地道にただひたすら勉強を続けた私は、京都大学法学部に無事合格。

そして、合格して、わかったことがあった。

私は受験本番、テストでも模試でも勝てなかった数学の天才に、数学の点数で勝っていたのだ。

天才を前に卑屈になるのではなく、自分は自分のやり方で、自分のペースで、自分を貫いていけばいい。

劣等感からは何も生まれない。自分のやり方で道を切り拓け！

27

PRIDE

大好きな作家に学ぶ自分の武器を活かす技術

『風待ちの港で』に学んだこと

キミには好きな作家がいるだろうか？

私は作家の北方謙三氏が好きだ。小説もそうだし、人間的にも好きだ。

北方氏のエッセイ、『風待ちの港で』（集英社文庫）の中で、ご自身の人生について綴っている部分があり、そこに自分の武器を見つける秘訣が隠されている。

北方氏は10年間、純文学というジャンルで小説を書き続けてきた。しかし、そのジャンルではなかなか結果が出ず苦しんだという。純文学というジャンル自体が足かせとなって、氏が本来持っていた文章の才が活かせなかったそうだ。

エッセイの中では、こう書かれている。

「文学にこだわっていたなかでも、物語こそ小説だという思いがあった。ところが、頭のなかで『これだ』と思えるような物語がパッと輝くのに、どうしても文学・芸術への過剰なまでのこだわりがあって、ほんの一行の表現にやたら凝りまくり、言葉を選びに選んでいるうちに、物語そのものが放っていた輝きが失せていってしまうのだった」

自分の武器は物語でこそ活かせると薄々感じながらも、時代の価値観（文学・芸術のあるべき姿）には抗えず、自分の武器を弱点だと思い、自分の武器を使いこなせていない状況がよくわかる描写だと思う。

「そんな〝文学的表現〟という呪縛が、自分の創作活動に取り憑いて、自由に伸び伸びと書かせてくれない。そんなジレンマがあったと思う」

頭の中にある常識や想念が自分の心の声を聞こえなくして、自分の武器を活かせないフィールドに居続けるよう自分に強いている状況だ。

続いて、こう書かれている。

「とくに、当時はストーリー性のないものが主流で、ストーリー性があっておもしろい小説というのは『おもしろすぎてダメ』などというような風潮があった。だから、本当は『そんなはずはねえだろう』とどこかで思いながらも、もっとオタクな小説を書かなければダメなんだと自分をねじ伏せていたようなところがあった」

これは、**その時代の価値観に縛られ、自分本来の姿を表現できていない状況と言える。**

しかし、北方氏は、自分と向き合う中で、今まで自分を縛り続けてきた想念や常識、時代の価値観といったものすべてから解放される。

「芸術などというものはすっぱりと諦めて、書きたい小説を思う存分書けばいい。そう開き直ったとたん、北方謙三の小説の可能性がググッと広がってきたのだ」

こうして本来の自分自身に目覚め、**「自分の武器を活かせるフィールド」**を見つけた北方氏は、そこから怒涛の勢いで小説を書き続け、今でも売れっ子の作家として大活躍している。

北方氏は、自分の武器を十分に活かせない「純文学」というフィールドから距離を置き、自分を自然に表現でき、より武器を活かせるエンターテイメント小説にフィールドを移した。そうすることで道が拓けていったのだ。

価値観に縛られるな！　自分の武器を活かせる場所を探せ！

28

PRIDE

武器が欲しいのなら『水滸伝《すいこでん》』を読むべき

『水滸伝』から学んだこと

北方謙三氏についてもう少し話を続けよう。

北方氏の小説の代表作に北方版『水滸伝』（集英社文庫）がある。私はこの小説が大好きで何度も繰り返し読み続けている。

『水滸伝』は元々中国の明代に書かれた長編小説で、それを題材に書かれたのが北方版『水滸伝』である。

北宋末期、汚職や不正のはびこる世の中で、英雄たちが梁山泊《りょうざんぱく》という地に集って革命を起こす、というもの。

私にとって北方版『水滸伝』の何が好きかというと、登場人物だ。一人一人が自分の武器を活かして闘っている様がカッコイイし、非常に勉強になる。英雄というと、武勇に優れているか、知略に優れている、そんなイメージがあると思う。

しかし、**北方版『水滸伝』に出てくる英雄の能力は本当に多種多様だ。**物を運ぶのが得意な者、泳ぐのが得意な者、文字をマネるのが得意な者、船をつくるのが得意な者、馬の気持ちがわかる者、医術に優れた者、平凡さを武器とする者――。

それぞれが、自然にできる自分の武器の活かし方で闘っている。

それぞれが、自分の武器を活かすことこそ、本当の意味での闘いなのだと理解し、自分の役割が実際に敵と闘うという形ではない者も、自らの武器を活かして自らの闘いを遂行する。

それが「物を運ぶ」ことだったり「文字を書くこと」だったり、「ただひたすら走る」ことだったりするのだ。

それが彼らにとってごく自然にできることであり、彼らの武器そのもの。

また、武の天才たちと日々を過ごす中で、自分には平凡な力しかないことを悟る者もいる。

しかし、それを悲観するのではなく、自分の平凡さを受け容れ、忠実で堅実な闘い方を自分のものとしていく。

非凡さはない。非凡さはないけれど、平凡であること、堅実であることの強さがじわじわと効いてくる。

平凡を極めることで、非凡になっていく。

そんな人物もいる。

北方版『水滸伝』を読んでいて感じることはたくさんあるのだが、その中から大切なことを二つ挙げるとすれば、一つが自分の武器を活かすことの大切さ。

そしてもう一つが、**決して自分を卑下せず、卑屈にならず、自分に誇りを持って生きていくことの大切さだ。**

水滸伝の登場人物たちは、それぞれが自分を知り、自分を受け容れ、その上で自分なりの闘いをしている。

自分自身を生きるその姿は、本当に美しい。

ぜひ一度、読んでみてほしい。


自分に誇りを持って生きる。それが人生を充実させる秘訣だ！

29

PRIDE

「平凡さ」だって武器になる

美しく生きれば尊敬される

北方版『水滸伝』を読んでいて感じるのは、平凡ささえも武器になるということ。

そして、どんな人間であっても、その人なりの武器を持っているということだ。

しかし、世の中には自分の武器を活かせないでいる人の方が多い。

それはなぜか？

いつも自分と人を比較し、そうすることで自分を責め、自分を否定しているからだ。

北方版『水滸伝』の中では、それぞれが自分をよく知り、その自分のよさを活かして奮闘して、お互いがお互いを認め合っている。

登場人物たちは、自分という存在に誇りを持っているのだ。

そこに卑屈さは一切ない。

自分より強い者がいても、自分より優れた者がいても、その事実に悲観するのではなく、そういうものなのだと受け容れ、自分の役割を果たす。

人と自分を比べるのではなく、ただただ「自分で在る」のだ。

その生き様は本当に美しい。

能力が高くないからといって、誰もその人物をバカにしようとはしないし、むしろ尊敬の対象になる。

人からバカにされるのは、能力や才能の問題ではなく、自分で自分をバカにしているか否かの問題なのだとひしひしと伝わってくる。

能力が低いから尊敬されないのではない。単に自分で自分を否定しているから尊敬されないのだ。

自分を誇りに思っていないから、自信も生まれない。

人より劣っていることで卑屈にならない

北方版『水滸伝』に登場する人物たちは、**「確かに俺はあいつより弱い。しかし、一体それがどうしたというのだ？　俺は俺だ」**という姿勢を貫いている。

自分より強い者がいても、能力が高い者がいても、決して卑屈にならない。

自分は自分なのだから、卑屈になっても仕方なく、自分は自分のできることをするだけ。

与えられたものに感謝し、与えられたものを伸ばしていく。

自分と他人を比較し、卑屈になり、自分を卑下していては、自分の武器を活かすことはできない。

まず、今のこの自分に誇りを持つこと。

何かができないとか、何かで劣っているとか、そんなことは一切関係ない。

今のこの自分自身に誇りと自信を持つことがすべてのスタートなのだ。

何かで劣っていたとしても、**「一体それがどうしたというのだ？」**という姿勢で生きていけばいい。

その姿勢が身についたとき、キミはキミなりの武器を見つけ、それを活かして生きていくことができるだろう。

卑屈になるな！　自分が持っているもので勝負しろ！

30

PRIDE

『山月記』に学ぶ 自分の武器を活かすヒント

『山月記』から学んだこと

作家・中島敦の『山月記』（新潮文庫）という作品がある。中国を舞台にした有名な作品だが、この作品も自分の武器という切り口から読んでいくとさらに面白さが増す。

主人公は、詩作の道に才能を持った李徴《りちょう》という男だ。

この作品の中に、次のような一節がある。

「己は詩によつて名を成そうと思ひながら、進んで師に就いたり、求めて詩友と交つて切磋琢磨に努めたりすることをしなかつた。かといつて、又、己は俗物の間に伍することも潔しとしなかつた。共に、我が臆病な自尊心と、尊大な羞恥心との所為である。己の珠に非ざることを惧れるが故に、敢て刻苦して磨かうともせず、又、己の珠なるべきを半ば信ずるが故に、碌々として瓦に伍することも出来なかつた」

李徴は、高級官史の職に就いていたが、周囲の人間の無能さに嫌気がさして職を辞し、詩作の道に進む。

しかし、なぜかその道で才能が認められることはなく、家族を食わせていくために再び官吏の道に戻ることになる。

だが、そのときには無能だと思っていたかつての同僚が上司になっており、無能な上司に偉そうに命令される日々が待っていた。

そんな日々に耐えられず、才能あふれる男だった李徴は最後、虎になっていく。

プライドが邪魔をする

紹介した文章の中で注目すべきなのが、「己の珠に非ざることを惧れるが故に、敢て刻苦して磨かうともせず、又、己の珠なるべきを半ば信ずるが故に、碌々として瓦に伍することも出来なかった」という部分だ。

私たちは、自分の武器が何であるか薄々と気づきつつも、それを磨こうとしないことがある。

「プライドから生まれる怖れ」に邪魔されるのだ。

それは、これは果たして本当に自分の武器なのか？　武器として人から認めてもらえるのだろうかという類《たぐい》の怖れだ。

そして、もしもうまくいかなかったときに傷つくであろうプライド。それらが邪魔をして、仲間と切磋琢磨することを避ける。自分の能力を磨くことを避ける。評価にさらされるような場所も避けようとし、そのため人の輪に入らない。いつも自分という檻の中に留まり、安全地帯で自分のプライドを守る。

自分は特別だとも思っているから、どこかでその武器が活かせる日を信じ、人と同じような暮らしをすることもできない。

その状態ではいつしか李徴のように虎になってしまう。

そうならないためにはどうすればいいのか。

簡単なことだ。『山月記』を読んでみればいい。

作者・中島敦が人生を賭けて書いたこの作品に触れれば、虎になる人生を未然に防ぐことができるはずだ。

小さなプライドを守っていては、武器を磨くことはできない！

31

PRIDE

「現代の虎」になってはいけない

「現代の虎」とは

『山月記』の話を続けよう。

『山月記』の主人公李徴は、類まれな詩の才能がありながら、仲間と切磋琢磨することなく、本気でその才能を磨き上げる努力をしなかった。

その結果、才能が開花しないままに、不遇の人生を送ることになり、最後は虎に成り果ててしまう。

私たちは誰しもが李徴のように虎に成り果てる可能性を持っている。

自らの武器を磨こうとせず、天から与えられた才能を十分に活かさない。

本当は自分はできるのだと知りながらも、その「できる自分」を体験しないままに人生を終えることになる。

そんな中には、いつも苛立ちや欲求不満を抱え、周囲の人間をバカにし、それでいて自分は何もせずネットに不平不満をぶつけるような**「現代の虎」**になってしまう人もいるだろう。

ネットの掲示板は今、現代の虎たちであふれている。

現実や社会をとにかく否定し、そうすることで心の中で何とか優越感を保とうとする生き方をする人たちだ。

才能を信じて磨き続ける

もしも類まれな才能、自分の武器があったとしても、それは「原石」であって、自分の力で磨き上げていく必要がある。

その過程では、自分の力のなさを痛感するかもしれない。恥ずかしい思いをするかもしれないし、失敗もするだろう。自分の才能を疑ってしまうときもあると思う。しかし、それでも、簡単にあきらめてはならない。

自分が「こうしたい」と信じたことは、納得するまで持てる力をすべて注ぐべきなのだ。才能があったとしても、それが本当に武器であったとしても、自分の力不足を痛感する経験などたくさんある。それは当然のことだ。

うまくいかなくても、「これが自分の武器かもしれない」と思ったら、なりふり構わず力を注いでいくべきだ。そうでなければ、磨かれないままのキミの武器が、キミ自身に牙を向けることになるだろう。

真剣に磨きはしないが、自分の武器に対する自負だけはある。それがプライドを生み、「こんなはずではない」という現実否定の心となり、目の前のことに集中できなくなる。本当の自分はこんなものじゃないとどこかで思い、不平不満を感じやすい生き方をするようになる。

結局それでは望むような人生を生きられないし、何も成し遂げられない。

そうした「現代の虎」になってしまわないためには、**自分の気持ちに正直になることだ。**

自分の気持ちに正直に、やりたいと思ったことをとにかくやってみる。

自分の武器だと思ったなら、納得するまで磨き上げる。

結果が出ようが出まいが、誰かに悪口を言われようが、自分の心が納得するまで、自分が「これでいい」と心の底から思えるまで、やりきればいい。

自らの才能をとことん磨け！　決して途中であきらめるな！

32

PRIDE

人に気に入られる必要などない

逸脱することを恐れない

武器があれば人から認められるのではないか。

周囲のあの人から評価されるのではないか。

そんなことを思って、自分の武器を探している人は多いと思う。

しかし、残念ながらそんな姿勢では自分の武器は見つからない。

むしろ、どんどん自分の武器から遠ざかっていくだろう。

自分の武器を見つけるとは、誰かに気に入ってもらうために自分以外の人間になることではない。

とことんまで**「自分自身で在る」**ことだ。

自分の武器を追求していけば、好かれるよりも、むしろ嫌われる場合だってあるくらいだ。

私が法学部に在籍していながらも法律そっちのけで塾に入りびたり、ブログを書いていたときは、法学部の人から白い目で見られた。

だが私は、**周囲に気を遣うより、自分に気を遣う人生**を選んだ。

当然ながら、周囲とは違う生き方になった。

結果、「変な奴」扱いを受けるハメになったのだ。

このように自分以外の何かに安易に流される生き方から、自分に正直に、心のままに従う生き方を選べば、世間から外れてしまう場合もある。

だが、それでいいのだ。

自分に素直に生きる

私たちは周囲の期待に応えるために生きているわけではない。

人から嫌われないために生きているわけでもない。

本当の自分を生きるために生きているのだ。

キミの心の中に住む「あの人」に、これ以上遠慮しないで生きる。

人から気に入られようとするのではなく、自分の純粋な思いを大事にする。

バカと言われようが、それは違うと言われようが、素直に正直に純粋に自分がどう思っているのかを大事にする。自分が追求したいことを追求する。

キミが今まで無視してきた心の正直な声を、これ以上無視しないで生きる。

それが、自分の武器を活かす生き方だ。

誰かに気に入られる必要などない。

むしろ、気に入られないくらいがちょうどいい。

悪口や批判があるくらいがちょうどいい。

キミには愛している人はいるだろうか。

その人を愛するのと同じように、自分を愛して生きることだ。

キミが愛している人が、何かをやりたいと言ったら、キミはどうするか。

全力で応援するだろうし、成功を願うことだろう。

それとまったく同じように、自分がしたいことに正直になって取り組み、全力で自分を応援し、成功を願い、信じきることが、自分の武器を活かして生きるということなのだ。

人の評価を気にするな。自分の思いに従って生きろ！

33

PRIDE

偽りの「いい人」を演じている場合ではない

「いい人」ではない自分を想像する

キミは、無理をしていい人を演じてしまうことはないだろうか？

かつて私は、いつも愛想笑いを振りまく超いい人だった。

怒ることもなく、理不尽な扱いを受けてもニコニコ。その結果、いつも舐められ、軽く扱われ、気の強い人の言いなりだった。

自分の武器を見つけるためには、いい人をやめる必要がある。

いい人は、いつも周りに合わせてしまって自分の好きなことができないからだ。

批判や反対が怖いと、自分の好きに生きられなくなる。

こう言うと、「どうしたらいい人をやめられますか？」と必ず聞かれるが、自分の価値を信じる以外に答えはない。

そのためにまず、**「いい人でなかったらどうするか」**を考えてみてほしい。

もしもいい人じゃないとしたら。

人の目を気にしなくていいとしたら。

そんな自分だとしたら、そのとき、自分はどうするか。

そう考え、イメージしてみること。

昔、超いい人だった私は、いじめられたし、毎日が我慢の連続だった。

人間関係に疲れることも多かった。

偽りの「いい人」の殻を破る

ただ、あるときからいい人では自分の人生を生きられないことに気づき、いい人ではないとしたらどうするかを考えて行動するようになる。

その結果、徐々にだが偽りのいい人から抜け出すことができるようになった。

偽りのいい人は、いつもニコニコしているけれど、それは自分が嫌われないためにそうしているだけであって、自己保身のためのニコニコだ。偽りのいい人は自分の利益のためにいい人を装っているだけなので、結局のところ本当のいい人なんかじゃない。もちろん本当に優しいわけでもない。他人が怖いから優しいフリをしているだけだ。ニコニコしているけれど、心の底ではイライラしていたり、腹黒いことを考えている。

逆に、いい人ぶらずにありのままに怒ったり不機嫌な顔をする人の方が、いざというとき優しかったりするものだ。

偽りのいい人は自分のことしか考えていないのに、好き勝手に生きられず、正偽の狭間でいつも苦しんでいる。

そういう人は自分が我慢することで嫌われないようにしているものだから、他の人にも我慢を強いるようになり、口には出さなくても好き勝手に生きる人に「もっとおとなしくしろよ」と心の中で思っているものだ。

それはもはや自分の武器を放棄した生き方であり、さらには、他人にも武器を持たないよう求める生き方でもある。

そうならないために、自分自身に価値を感じ、自分を信じ、偽りのいい人から抜け出す決断が大事なのだ。

偽りの「いい人」になんかなるな！　自分の価値観を信じろ！

34

PRIDE

親に気に入られたいがために武器を放棄してはならない

親の「望み」に左右されない

自分の武器を見つける上で、親との関係は非常に重要なものだ。

親に気を遣って、自分の武器を封印してしまう子どもがいる。

そういう子は、親に強くコントロールされながら育てられている。

子どもをコントロールしようとする親は、子どもが何を望むかまでコントロールしようとする。

この望みのコントロールこそが、人が自分の武器を見失ってしまう最大の原因だ。

子どもの望みをコントロールし、その望みはいい、その望みは悪いとジャッジし、親の価値観を教え込むことで、子どもはその教え通りに生きるようになってしまう。

望みをコントロールされた子どもは、自分がどうしたいかではなく、親は自分に何を望んでいるかを先に考え、自分を押し殺してでも親の機嫌を取ろうとするようになる。

自分の欲求、心の声、本当はどうしたいかをないがしろにし、いつも恐怖から何かを選択するようになるのだ。

これを選んだら怒られないか？

これを好きだと言って嫌われないか？

これを達成しさえすれば親に気に入ってもらえるのではないか？

いつもそんなことを考えてしまう。

ありのままに生きる

そういう育ち方をした人は、自分の自然な姿を否定してでも、親の要求を飲むようになる。

そのとき、**自分の武器を弱点だと認識してしまうのだ。**

自分の欲求に素直になり、武器を活かそうとする姿を否定されてしまうわけだから、武器を持つことを否定されるのと少しも変わらない。

結果、その武器を「弱点」だと思い、それを「ない」ことにするための努力を必死にするようになる。

それは、自分本来の武器を活かさない、つらくて苦しい道を歩くということだ。

大事なのは、親に気に入られようとするのではなく、自分自身が満足できる選択をすることであり、そのためにはまず、自分や自分の選択に価値を感じることだ。

もう自分を責めたり、否定しないと決め、自分自身を生きよう。

親の期待に応えようとするのではなく、自分の思いに従うこと。

子どもの人生と親の人生はまったく別のものである。

子どもは親がコントロールできるものではなく、子どもの人生は、親のものではない。

自分の人生は、自分だけのもの。

ただひたすらに自分自身を生きることが、自分の武器を活かす人生となるのだ。

親の言うなりにならず、
自分の「望み」を最優先に考えろ！

「武器」を見つけるための1冊③

『何者』

朝井リョウ［著］（新潮文庫）

直木賞受賞作。大学生５人の就職活動を通しての人間模様が描かれる。若者と向き合うことが多い私は、若者の心理について考えることが多いのだが、この作品は若者心理を本当に鋭く洞察している。読んでいて気持ちが悪くなる人もいるのでは、と思うくらい己の心の奥の奥を暴かれる。しかし、だからこそこの作品には価値がある。自分をごまかすのではなく、己の心を直視し、知ること。それこそが自分の人生を歩む一歩を踏み出すきっかけになる。この本を読むことで現実の己を知ることこそが、自分の武器を見つける一歩になるはずだ。

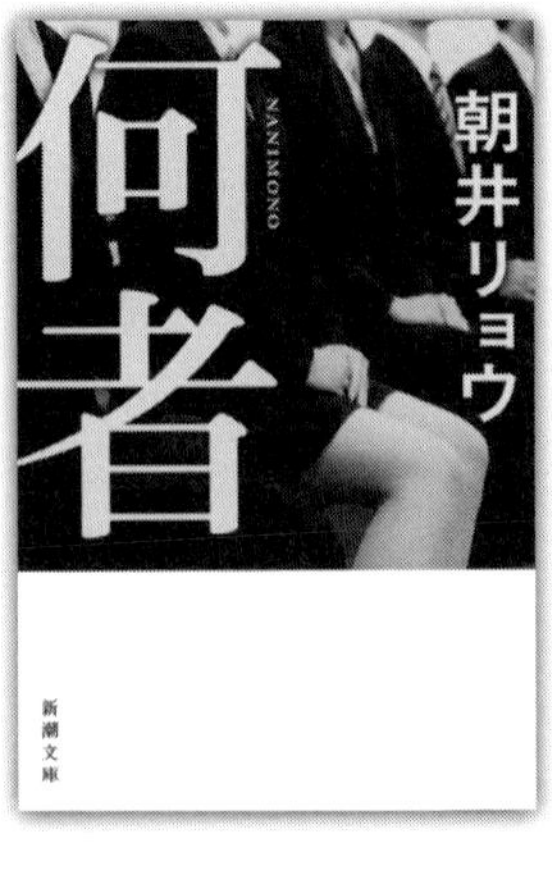

第4章

不得意が
キミの人生を変える

35

ACCEPT

不得意はあっていい

苦手なことの対処方法

多くの人が不得意なことはあってはいけないとどこかで感じて生きている。

だから、不得意を克服しようとするし、不得意がある自分をどこかで恥じている。

そういう人ほど、得意なことやできることがあるにもかかわらず、そこはあまり評価しない。それどころか、わざわざ不得意なこと、できないことにフォーカスを当てて、自己評価を下げてしまう。

しかし、人間誰しもが不得意を持ち、できないことがあるのだから、それはそれでいいのだ。

できないこと、やりたくもないことを無理やりやろうとするよりも、自分が興味を持てることや、やりたいと感じること、すなわち自分の武器に力を注いでいけばいい。

そして、できないことはできないと認め、さっさと他人に任せてしまおう。

思い切って任せられるかどうかで、人生は大きく変わる。

しかし、苦手なことを克服しないと自分はダメなんじゃないかと思う自己評価の低い人ほど、人に任せられないものだ。

「不得意はあっていい！」

そう認めるだけで、私たちはより自分の武器を活かす生き方ができるようになる。

苦手がある自分を認める

私自身、ずっと苦手があることや、できないことがある自分を恥じていた。

自分には武器があるはずだと思っていたにもかかわらず、わざわざ苦手なことにばかり意識を向け、自分を否定したり責めたりしていた。

そして、苦手をとにかく背負い込んで克服しようとするのだが、結局苦手なのでうまくいかない。

うまくいかないから、また自分を責める。その繰り返しだった。

そういった悪循環に陥ってしまうと、どんどん自己評価が下がり、自分がダメな奴に思えてくる。

そして、自分がダメな奴だという思いが強くなると、何に対してもやる気を失っていく。

「どうせ自分には無理なんだ、できないんだ」

そんな思いが強くなってくる。

そうすると、自分の武器があるにもかかわらず、やれること、やりたいことがあっても、あきらめるようになってしまう。

それはすごくもったいないことだ。

そうではなく、不得意があることを認め受け容れ、まずは「これでいいのだ」と思うこと。

そうすれば、自分の武器を活かす生き方ができるようになる。

苦手は問題ではない。苦手に悩むことが問題だ！

36

ACCEPT

「できない＝他人に頼れ」のサインである

頼れば道は拓ける

人間には必ず、得意不得意がある。

自分にできることもあれば、できないこともある。

しかし、多くの人は何かできないことがあると、自分を責めたり否定したりしてしまうものだ。

だが、そんな必要はまったくない。

「できなくてもいい」と自分の中で割り切ればいいのだ。

できないことは他人に任せればいい。

どんどん他人に頼ればいい。

そうやって他人に頼ることを覚え、他人の力を借りることができるようになると、人生がどんどん前に進んでいく。

また、「できなくてもいい」と思えると、不思議とその苦手に取り組むことも苦ではなくなる。

苦手なことに「人よりきちんとできるようにならなければいけない」とか「こ

れができない自分はダメなんだ」と思いながら取り組んでいると、逆に取り組めなくなる。

心が重くなり、億劫になり、何とかして避けるようになってしまうのだ。

苦手を許す

しかし、「できなくてもいい」「人よりうまくなくてもいい」「時間がかかってもいい」と思うようになれば、何でも軽い気持ちで取り組むことができるようになる。

私たちは、苦手なことに取り組むときにはどうしても重い気持ちになりがちだ。ストレスやプレッシャー、緊張を感じながら行動してしまう。

だが、重い気持ちでスタートした行動は、なかなか続かない。

三日坊主が関の山。

苦手なことほど軽い気持ちで取り組むことが大事なのだ。

そして、その軽い気持ちはどこから生まれているのかというと、「できなくてもいい」「人より上手くなくてもいい」「時間がかかってもいい」という「許し」

の気持ちからくる。

そんなふうに、できない自分を許してしまったら何もやらなくなるだろうし、うまくならないのではないか？　と思うかもしれないが、事実は逆だ。

軽い気持ち、安心な気持ち、楽な気持ちでスタートさせた方が、物事に取り組むのは容易になる。

そして、その軽い気持ちを生み出すのは、「他人に頼ってもいいんだ」「できないことがあってもいいんだ」という、自分に対する許しからなのだ。

自分の「苦手」を許し、人にどんどん頼れば前に進める！

37

ACCEPT

不得意と怖れは違う

怖れは道の妨げになる

前述した通り、不得意なことはどんどん人に任せるという発想を持てばいい。

ただし、不得意と怖れは違う。

単に怖《お》じ気づいているだけなのに、「俺はそれ不得意だから」と言っていたら、人生は何も進まない。

たとえば、好きな女性に告白しようとするとき、物怖じしてしまい、うまくできないとしよう。

そこで、「俺は告白が不得意だから、人に任せよう」などと考える人はいないはずだ。

しかし、それと同じようなことをしてしまうことがある。

たとえば、自分の提供するサービスでお金をもらった経験がなく、そこに抵抗があるとする。

まだやったことがないからどうしていいかわからないし、心理的な負担もある。

この場合にあるのは「怖れ」だ。「不得意」なのかどうかはまだわからない。

やってみればお金をいただくことへの抵抗もだんだんと薄まってきて、実際に体験してみることで、自分はビジネスが得意なことに気づく人もいるだろう。

しかし、ただ単に自分が臆しているだけだと素直に認められない人は、様々な自己正当化の理由を持ち出すようになる。

「不得意だから」というのも、それらしい言い訳になり得る。

じゃあ、どうやって不得意か怖れかを判断すればいいのか。

自分の心と正直に向き合うことだ。

そのときに有効なのは、この質問だ。

「もし今からやることに怖れがなかったとしたら、どうする？」

不得意と怖れを見きわめるには

そう質問してみて、今やろうとしていることが単なる不得意なことであり、本当に怖れがないとしたら**「人に任せる」**という答えになるだろう。

人に任せるのにも勇気がいるもので、甘え、頼ることに怖れがあると人任せにはできないので、不得意なものまで抱え込む事態となる。

逆に、今やろうとしていることにどうしても怖れを感じている自分がいるのであれば、その質問に対する答えは**「とにかく自分でやってみる」**ということになるだろう。

「怖れがないとしたら」という前提で自分の心と向き合ってみることで、自分の本音が見えてくる。大事なのは、そうやって己の心と正直に向き合うことだ。

自己正当化も、ごまかしも、強がりも、すべてを排して、己のちっぽけで弱虫で情けない心と向き合うのだ。

そして、そんな自分の心を愛すること。

そんな心を持つ自分をも愛することだ。

そうすれば、自分の本音と向き合える。

自分の本音と向き合えれば、不得意と怖れを判断し損ねる心配はない。


自分の心に向き合い、「怖れ」を排して、やりたいことに挑戦しろ！

38

ACCEPT

人とつながることで見えた「月商1000万円」の世界

人生は出会いで変わる

個人で仕事を始める前、私はただのブログを書いている人だった。

ブロガーと呼ぶのもおこがましいくらい、本当にただ毎日毎日ブログを書いているだけの人。そんなあるとき、そのブログを見た人が私に興味を持ってくれて、その人がまた別のAさんを紹介してくれた。

その紹介してもらったAさんとの出会いが私の人生を大きく変えることになる。

現在ではブログからビジネスを生むというのは当然のようになっているが、当時はまだそれが当たり前というほどではなく、私の中でブログでビジネスをするという発想はなかった。

しかし、出会ったAさんに、「こういうふうにすればビジネスになっていく」「お客様を幸せにするビジネスができる」「そうなれば、ずっとその活動を続けることもできるよ」と教えてもらった。

私は、まったく自分の中になかったアイデアを教えられ、「そんなことができるのか！」と驚きっぱなしだった。その後もAさんとはつながり続け、そのおかげで私は個人でビジネスを行い、本を出版することもできた。

Aさんとの出会いがなければ、今の私はいない。

Aさんとつながっていく中で本当にいろんなことを教わった。

自分の得意を活かし苦手は頼る

私はそもそもビジネスをするためにブログを書いていたわけではないので、ビジネスに対する意識は希薄だった。

そういうときに、Aさんのアドバイスをいただき、そのアドバイスのおかげでうまくビジネスが回っていくようになったのだ。

それまではアルバイトだけの収入で月10万円も稼げればいい方だったが、いきなり月収が100万円を超え、その後も200万、300万、500万と続いた。

そしてついに、月商1000万円を超える世界を見ることもできた。

個人で、自分のコンテンツだけでだ。広告費もゼロだった。

物販をしているわけではないので、経費も固定費もほとんどかからない。その世界は、Aさんとつながっていなければ絶対に見ることができなかったもの。

そのときに私は気がついたのだ。

人間には得意不得意があって、自然に意識が向くものと向かないものがそれぞれにあるということを。また、**それぞれがそれぞれの得意、すなわち自分の武器を活かしていけばいいのだと。**

繰り返すが、私の武器は「共感力」であり、その力を使えばコンテンツはひたすらつくることができる。ただ、ビジネス的な発想や準備といったところは自分の武器とは離れているので、どうしてもおろそかになってしまう。

しかし、そこを補ってくれる他者がいれば、自分にできないことは任せればよく、お互いがお互いの得意な武器を活かすことで、前に進めるようになるのだ。

孤独に一人でやっていくのには限界があるが、他人と協力することを覚えれば、無限の可能性が開けていく。私はそんなことを「出会い」を通じて学んだのだ。

人との出会いは、自分の武器の可能性を広げるチャンスだ！

39

ACCEPT

不得意を認めれば人生は変わる

不得意を潔く認める

自分の武器を見つけるための本なのに、不得意について書くのか、と思う人もいるかもしれない。

ただ、本当の意味で自分の武器を活かすためには、じつは**「不得意を認める」**ことが大事になってくるのだ。

不得意を不得意と認めるからこそ、逆に強みである武器に集中して力を使うことができるし、周囲の協力を得て武器を活かす環境を整えよう、という発想が生まれる。

自分の不得意を不得意と認めていないとき、自分のダメなところや苦手なところを素直に受け容れることができないとき、武器を活かせる環境を用意することができない。武器を活かせる環境というのは、私の場合で言えば、自分のコンテンツやメッセージを世の中に伝えていくための環境ということになる。

その具体的な環境の中身とは、自分の商品で収益を上げる仕組み、ブログのアクセス数を高める仕組み、集客のためのデザイン能力、ブログや商品のコンセプトの考案などが該当するだろう。これらは、私の武器ではカバーできない。それなりにはできるが、それなりでしかない。そして、私自身それをよくわかっている。

不得意を割りきり、人に任せる

自分の不得意を不得意と認められるようになってから、私は他人に頼ることを覚えた。他人からより多く学ぶようになったし、お金を払ってでも協力を要請するようになった。

そうすることで、自分の武器を活かせる環境がどんどんでき上がっていった。

逆に、自分の不得意を不得意と認めていなければ、すべてを自分でやろうとしてしまったはずだし、自分でできると過信してしまっていただろう。そうすると、本来であればもっと活かすことができる自分の武器を、存分に活かせなくなってしまう。

大切なのは、自分の不得意を素直に認めること。そして、どんどん他人に頼り、自分だけでやろうとしないことだ。

たとえば、ここに、オシャレが苦手な人がいるとしよう。

そのオシャレでない人が真剣に服を選んだとしても、オシャレになることはない。その人のオシャレの基準がすでにズレているからだ。

しかし、もしその人が「自分はオシャレではないのだ」と認められれば、一瞬でオシャレになることができる。

自分の感覚を一切信じず、すべてをオシャレな人に任せてしまえばいいのだ。そう割りきったとき、まったく違う人間に変わることができる。

もし自分がオシャレではないことを認めなければ、その人は一生オシャレになれないかもしれない。だが、オシャレではないと素直に認め、人にセンスアップを任せれば、オシャレに磨きがかかり、人生は一気に変わることだってあるはずだ。

不得意を認めて人に頼れ。自分の武器を活かすことに集中しろ！

40

ACCEPT

不得意は最高の人生を体験するためにある

不得意は神様からのプレゼント

不得意というと、ネガティブなイメージがあるかもしれない。

いや、ネガティブなイメージしかないと思う。

しかし、じつは不得意にはポジティブな面がある。

私たちは不得意があるからこそ、最高の人生を体験することができるのだ。

たとえばキミには不得意なことがまったくない、という状況を考えてみてほしい。

そのとき、キミは一人で何でもできる状態だ。

そうすると、他人に協力してもらう必要がなくなる。

つまり、他人とつながる必要がなくなってしまうのだ。

逆に、不得意があるゆえに他人に協力してもらうという意識が生まれ、他人とのつながりができるようになる。

そのとき、キミは他人のありがたみに気づくはずだ。

他人とつながって何かをつくり上げる作業ほど面白いことはない。他人と協力して何かをつくり上げるというのは、人生の中でも最高の喜びの一つだ。

つまり、**不得意があることで他人とのつながりが生まれ、そこから大きな喜びを得ることができるのだ。**

不得意が気づかせてくれること

また、私たちは不得意なこと、できないことがあると自分を責めがちだ。自分を責めたり否定して、自分をダメな奴だと思い込もうとする。

それはある意味「闇」の経験でもある。

「闇」は「光」が何であるかを体験するためにある。

できないことがある自分を責め、否定したその後には、そんな自分すら受け容れてくれる他人との出会いがある。

もしくは、そんな自分すら受け容れてくれていた他人の存在に気づく。

そうした過程を経て私たちは、

「自分を受け容れる」

「自分を愛する」

ということを体験できるのだ。
何かを体験するためには、そうでないものを体験することが必要になる。
不得意がある自分を責める。
不得意がある自分を恥じる。
さらに、すべてを克服しようとして孤独な努力を重ねる。
そうした体験があるから、不得意がある自分を「愛する」という体験ができる。
また不得意を他人に補ってもらおうとすることもできる。
そして、そこでは人とつながる喜びを味わえるはずだ。
そう考えれば、不得意も、そんなに悪いものではないのではないだろうか？

キミの不得意は、人生を豊かにする贈り物だ！

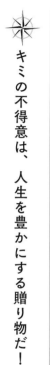

41

ACCEPT

不得意が存在する理由

頼ることを恐れない

昔、私は人に頼るのがすごく苦手だった。

人に頼るというのは人に迷惑をかけることであって、そんなことをしていては人に嫌われてしまうのではないか、そう思っていたのだ。

嫌われることや、人からの評価を落とすことが嫌だった私は、人に頼ることなくすべてを自分でやろうとしていた。

人に頼るのが嫌で全部を自分でやろうとしていたから、人が誰かを頼っているのは見るのも嫌だった。「自分でやれよ！」と思ってしまうのだ。

自分で自分に無理をさせていたばかりか、人に頼ることもしなかったから、他人が誰かを頼ることも許せなかった。

でも、あるとき、どうしても人に頼らざるを得ない場面が来た。

私は冷や汗をかきながら、人にお願いをすることになった。

心の中では、**「終わった。嫌われた。自分では何もできない、能力の低い奴だと思われた」**と絶望していた。

当時の私はそれくらい人にどう思われるかを気にしていた。

しかし、頼った相手は意外にも快《こころよ》く、そして簡単に「いいよ！」と言って私の依頼を引き受けてくれた。

しかも、「頼りにされて嬉しかった」とまで言ってくれるという、当時の自分にとって理解しがたいことが起こった。

不得意なことは頼り、得意なことでは頼られる

しかし、よく考えてみれば、私自身も人に頼られるのは嬉しいし、何より自分の力が発揮できる場所があるというのは素晴らしいことだ。

自分にできないことを誰かに頼む。それは頼まれた人にとって活躍の場になる。その人の活躍によって自分が助かり、「ありがとう」と伝えられる。それが悪いことであるわけがない。

そのときから私は、**自分の不得意は、人に活躍の場をもたらすチャンス**だと思うようになった。

自分にできないことを他人が補ってくれる。それは相手に、その人独自の武器

を活かす場をもたらすと同時に、その武器で自分が助けられることなのだ。

助けてもらい感謝の気持ちを伝えられる。

そんな素晴らしい関係はないのでないかと思うようになった。

逆に、他人に対して自分にもできることがあり、それを精一杯やって、人から礼を言われる。

つまり、**感謝の気持ちを伝え合うような人生を送ればいい**のだと、私はそのとき悟った。

頼りたいときには人に頼り、ありがとうと感謝し、自分が頼られたときには自分の力を精一杯出しきる。自分は自分の得意を活かして貢献し、不得意な部分は人に頼って活躍の場を提供すればいい。


自分の不得意は、誰かが活躍できるチャンス！

42

ACCEPT

マーケター視点を持てば武器はビジネスになる

売ることを学ぶ

「自分の武器をビジネスにできないか？」

これは、多くの人が考えることだと思う。

実際、私もそういった人の相談に乗ってきた。

ただ、そういう人の相談に乗ってきた中で強く思うのは、**ビジネス思考、マーケター思考に欠ける人が多い、ということだ。**

たとえば、コーチとして独立したい、カウンセラーとして独立したい、ブロガーとして活躍したい。自分のつくるコンテンツを売りたい。

そういう気持ちがあっても、実際にビジネスを学んでいる人は少ない。

売るという行為を研究していないのだ。

商品があって、それをブログやホームページ、フェイスブックなどで告知すれば売れる、と安易に考えている。

しかし、現在、世の中で活躍している人、ビジネスがうまくいっている人は例外なくビジネスを真剣に考えて実践している。

いつもは抽象的なフワフワした発信をしているある有名な人が、じつはものすごく具体的にビジネスを考えているのを見て驚いたことがある。

ほとんどの人はその人の表面だけを見て「何だか私にもやれそう」と思って安易に始める。

しかし、意外にうまくいかないと感じてやめてしまう。

フワフワした発信をしている人は、それがその人のブランディングなのだ。

そういう人は裏で必死に考えて計算している事実を絶対に見せないが、現実には決してフワフワなどしていない。

売ることを専門にしている人と組む

もしもビジネス思考、マーケター思考が自分に欠けているという場合には、そういう思考を持つ人と組むべきだ。

その人の武器を借りるのだ。

ビジネス思考、マーケター思考が武器の人たちは、実際に売るもののない場合が多い。

それがその人たちの足りないところであり、弱点でもある。

逆にコンテンツを持っている人、売るものを持っている人はほとんどの場合、売る力、ビジネス化する力がない。

だからこそ、自分の武器でビジネスをしたいなら、ビジネス思考、マーケター思考を武器とする人と組むことが必須になる。

そうすればお互いの弱点を補いつつ、お互いの武器を活かすことができる。

そして、お互いが成長し成功していけるのだ。

「コンテンツ」と「マーケター思考」が揃えば売れる！

「武器」を見つけるための１冊④

『三国志』

吉川英治［著］（講談社文庫）

人生で初めて読んだ小説。父親の部屋にあったものを見つけ、読むように勧められたことから読み始めた。読んだ瞬間からハマってしまった。読みながら何度も泣いた。英雄たちが死んでいき、人材不足になりながらも劉備玄徳の思いに応えようと奮闘する諸葛亮孔明の姿に胸が張り裂かれる思いをしたことを今でも覚えている。10回は繰り返し読んだ。この小説を読んだときから、人としてどう在るか、どう生きるかの問いが始まった。自分の武器を活かす生き方の大前提となる、「人としての在り方」を学ぶための最良の書。

第5章

自分の武器を活かして生きる

43

LIVE

私たちの人生は最初に決めた結論の証拠集めだ

弁論サークルで気づいたこと

私が大学の弁論サークルで活動していたとき、ある**「強烈な気づき」**を得たことがある。

サークルでは、「原告側」と「被告側」に分かれ、それぞれがそれぞれの主張をし、それを裁判官がジャッジして、勝敗を決めるという裁判のシミュレーションをしたことがあった。私は先輩に原告側をやるように言われ、原告側の弁護人として事件をリサーチすることになった。

最初から原告側を弁護するつもりでリサーチしているので、原告側に有利な証拠が集まってくる。友人の一人は先輩に被告側をやるように言われ、被告側の弁護人になった。当然、彼には被告側に有利な証拠がどんどん集まっていた。

最初に自分は原告側と決めると、原告側を弁護する証拠が集まる。

最初に自分は被告側と決めると、被告側を弁護する証拠が集まる。

証拠が集まってからどちらかを決めているのではなく、最初にどちらにするかを決めていて、証拠が後から集まってきているのだ。

私はそのことに気づいたとき、背筋が凍る思いをした。

同じような構図が、自分の人生でも起こっていることに気づいたからだ。

いつも最初に結論がある

できないことはたいてい、最初からできないと決めつけている。

できることはたいてい、最初からできると決めつけている。

じつは弁論大会と同じように、最初に私たちはどうするかを決めているのだ。

そして、決めた結論の証拠を後から集めているにすぎない。

できない理由がたくさん出てくるのは、最初からできないと決めているからだ。

やらない理由がたくさん出てくるのは、最初からやらないと決めているからだ。

自分を否定する理由がたくさん出てくるのは、最初から自分には価値がないと決めているからだ。**つまり、私たちの人生は、最初に決めた結論の証拠集めなのだ。**

証拠が集まったから、結論を決めたのではない。最初に結論を決めたから、それに見合った証拠が集まってきたのだ。結局、大事なことは、最初に何をどう決めるか。

自分はどういう存在で、何がふさわしくて、どういう人生を生きるのか。好むと好まないとにかかわらずキミは無意識のうちにそれらを決めていて、それがそのまま今のキミの人生になっている。

最初に決めた結論に対する証拠が人生に集まるのであれば、キミはキミの望む姿を最初から決めてしまう方がいい。

要は、自分の理想の姿になる価値が自分にはあると決めてしまうことだ。

そうは思えない？

それでも構わない。

最初に自分の理想を結論として決めておけば、それに見合った証拠はこれから集まってくるのだから。

結論をまず決めろ！　そうすればそれが現実になる！

44

LIVE

目の前の現実は「一人ディベート」の結論である

頭の中のディベート対決

私たちは普段、頭の中で「できるか、できないか」「やるか、やらないか」といった、「ＡかＢか」式の思考を行っている。

ある意味、頭の中でいつもディベートしながら生きているのだ。

そのディベートの結果として導かれた結論に基づいて、行動を起こしている。

たとえば、「自分にできる、できない」という問題について頭の中でディベートしているところをイメージしてみてほしい。

キミの頭の中には自分にはできると主張する陣営と、自分にはできないと主張する陣営が存在している。二つの陣営は、自分たちこそが正しいと主張しているが、どちらか一方が最終的には勝利する。

そして、勝利した方の主張を基に、キミは行動し始める。

実際に日常生活を思い出しても、そうなっているのがわかると思う。

ということは、**私たちの人生は、頭の中で行われた一人ディベートの結論だと言っても過言ではない。**

そうであるなら、頭の中で行われるディベートの結論を変えていかなければ、この先の人生もこれまでと変わらないことになる。

まず、そのことをしっかりと自覚してほしい。

今までは、自分の頭の中でそんなことが起こっているとは夢想だにしていなかったと思う。

意識することがなかったから、自分でそれを変えることもなかった。

しかし、今この文章を読んだ時点で、キミは自分の頭の中で起こっているディベートとその結論がもたらす影響を自覚することが可能になっているはずだ。

信じる陣営を決める

頭の中で行われているディベートを自覚すれば、「何を信じるのか」を自ら選択できる。

「できる」と信じるのか、それとも「できない」と信じるのか。

それを、**キミ自身が決められるようになる**ということだ。

ただ、もしできると決めたとしても、自分の頭の中から反対意見が聞こえてくるだろう。

それはできない陣営の声だ。彼らは必死になってできない理由を声高に叫び始める。

しかしここで、その反対意見ができない陣営の声であると自覚できれば、それに流される必要はないと気づくだろう。

要するに、キミはできる陣営の声に耳を傾ければいいだけなのだ。

そして、自分にはできると自覚して、それに従い行動していくことが大事なのだ。

キミの人生は、一人ディベートの結論を変えることによって、大きく変化していくだろう。

頭の中の声に耳を傾けろ！　そして自分の信じる道を行け！

45

LIVE

負の経験が、キミの武器を強くする

「負の経験」は人生の宝物

キミには、負の経験があるだろうか。

自分には価値がない、自分はダメだ、自分なんていない方がいいのではないか。

そう思ってしまうような経験のことだ。

私にはある。私はずっと、自分を責め、否定して生きてきた。

それでも、自分と向き合う中で、負の経験が本当にたくさんの教えを与えてくれていたことに気づいた。

その負の経験は、じつは宝だった。

苦しさや悲しさ、寂しさ。それらは、自分が本当のところ何を望んでいるのかを教えてくれる。何が素晴らしいのか、何が喜びなのか、何が楽しく、何が嬉しく、自分は何を欲しているのかが分かる源泉なのだ。

負の経験の強さが大きければ大きいほど、それに比例して自分の望みも明確になってくる。

たとえば、愛が得られず苦しめば、愛がどれほど大切なものなのかを深く理解できる。そういう人は、誰よりも愛情深い人になる。

キミはこれまでの人生で、何を苦しいと感じただろうか。

何を悲しいと感じただろうか。

ネガティブがあるからポジティブがわかる

これまで、その苦しみや、その悲しみを忌み嫌っていたかもしれない。

ネガティブな思いを悪者として、扱ってきたかもしれない。

しかし、そのネガティブな思いは、決して悪者ではない。

ネガティブな思いとポジティブな思いは、どちらも自分の味方だ。

どちらの思いも、自分自身を愛しているからこそ湧いてくるものだ。

ネガティブとポジティブはお互いが必死に協力して、キミが何を望んでいるかを教えてくれている。

ネガティブな思いが湧くのは、キミがそれを「望んでいない」からだ。

ポジティブな思いが湧くのは、キミがそれを「望んでいる」からだ。

もしこれから、ネガティブな思いが湧いたら、ネガティブな思いを忌み嫌ったり悪者扱いするのではなく、「自分はこれを望んでいないと教えてくれてありがとう」と感謝をしてみてほしい。

悪者役を引き受けてくれたネガティブな思いに感謝し、自分が元気になれることを考え、そちらに向かって行こう。両者が存在することで、私たちは自分が何を望んでいるのかを明確にできる。

負の経験、つまりネガティブな思いは、ポジティブな思いを色濃くするために存在し、そのおかげで私たちは自分の願いを明確化して、強固なものにできる。

そして、そこから湧き上がってくる力を感じることもできるはずだ。それが希望であり、自分の武器でもあるのだ。

「負の経験」は、自分の願いを鮮明にしてくれる宝物だ！

46

LIVE

追求したいなら、とことん追求する

バランスを取りすぎない

私たちは追求したいこと、探究したいことがあるのに、どこかで「バランス」を取ろうとする。

バランスを取ろうとするから何もかも中途半端になって、自分の武器を磨ききれないままになってしまう。

私自身、やりすぎることになぜか罪悪感があった。

たとえば、観たい映画がたくさんあるとする。

でも、頭の中で１日に観る映画は１本が普通だろう、それ以上観るのはよくない、と勝手に決め込んでいた。

だから好きな映画でも、なぜか１日１本観たら終わり。でも、別にそんなルールなどないし、他人からとやかく言われるわけじゃないし、好きにしていいはず。

１日５本でも６本でも観ればいいのだ。

しかし、そうできなくて、そこに罪悪感があった。

そんなに観てしまっていいのか、そんなに楽しんでいいのか、と。

ただ純粋に楽しむとか、好きなことばかりしようとする自分に許可が出せなかったのだ。

当時の自分に「好きなら5本でも6本でも観たら？」と言えば、驚きつつもすごく嬉しかっただろうと思う。本当は、それくらい没頭したかったからだ。

好きなことに溺れる

好きなこと、没頭できることには、とことんハマればいい。極端になることを恐れる必要はない。もっと自分を楽しませることに許可を出すべきだ。

たとえば、ある女性が好きな靴を買ったとする。

でも、その直後にまた大好きな靴に出合ってしまった。

そんなとき、普通は「買ったばかりなんだからいらないでしょ」と自分に言うかもしれない。

そこをそうではなく「好きなら、買えばいいじゃん」と言ってみる。

すると、嬉しくなり、ワクワクするはずだ。

その感覚を忘れないことが大事なのだ。

それがエネルギーとなって、どんどん体が動き始める。

好きなことは、やりすぎた方がいい。

そのためには、やりすぎに許可を出せばいい。

とことん追求していい、マニアになっていい、と自分に許可するのだ。

そこに罪悪感を感じる必要はない。

罪悪感は、自分の武器を磨く妨げになる感情だ。

自分に罪など感じる必要はない。

誰の目も気にせず、とことん自分の喜びを追求することだ。

自分自身の喜びを、とことん追求していいのだと自分に許可できたとき、キミのエネルギーは全開になり、誰もキミを止めることはできなくなるだろう。

「好き」にブレーキをかけるな！　とことん追求しろ！

47

LIVE

燃え尽きてしまう本当の理由

「燃え尽きる」のはなぜか

「燃え尽き症候群」というものがあるが、燃え尽きてしまう原因の一つは、自分の武器を活かす道を歩んでいないからだ。

自分の武器を活かす道を歩んでいれば、大変なこともあるかもしれないが、そこには楽しさや喜びが必ずある。

しかし、自分の武器を活かさない道には、それがない。

自分の武器を活かさない道に存在するのは、苦しさ、不安、恐怖、そして、そこから一時的に抜け出せたときの安心感だ。

一時の安心を感じ、また苦しさや不安、恐怖の中に飛び込んでいくという、マイナスの感情をループする人生を送ることになる。

私は弁論サークルで弁論大会に出て、それからすぐにサークルを辞めたが、はっきり言って、そのときすでに燃え尽きていた。

大会が終わってから、もう一度頑張りたいとはどうしても思えなかった。

自分なりに必死に真剣になって頑張ったのだが、頑張ったところで何ら楽しくはなく、つらいことの方が多かった。

何のためにそれをやっているのか、自分でもよくわからなかった。するると、もう法律の勉強をする気はなくなるし、法曹になりたいとも思えないし、頑張ろうという気すらなくなっていた。

もう一度あのつらい思いをするのかと思うと、暗澹《あんたん》たる気持ちになった。嫌いなこと、自分の武器でないことをやっていれば、人はそうなる。

結局、燃え尽きてしまうのは、自分の武器を活かしていないからに他ならない。

好きなことと燃え尽きることは無縁

自分の武器を活かす努力をしていると、そのプロセス自体にも「喜び」を見出せるようになる。

逆に言うと、長く続けていくため、成長し続けていくためには、そのプロセスの中に喜びを見出す必要がある。それ自体が好きであればこそ、長く続けることができるし、新しい目標を持ち続けることもできるのだ。

自分の武器を活かす道を歩いていれば、そこには必ず喜びがある。

自分の武器を活かすこと自体に喜びの感情が伴うからだ。

武器を活かすこと自体に喜びを感じていれば、人は決して燃え尽きない。

燃え尽きるのは、結果にばかり固執し、喜びを感じられないことばかりしているからだ。

そうなれば、結果を得られなくなる。

結局、自分の武器を活かすのが最高の選択なのだ。

嫌いなことばかりやり、そこで真剣に頑張って結果を得たとしても、燃え尽きてしまって継続できないのであれば意味はない。

それ自体が楽しいなら、燃え尽きることなくずっと続けていられる。

そう思えること、もの、分野こそがキミの武器が活きる場所なのだ。

自分の武器を活かせば、燃え尽きとは無縁の人生を送ることができる。


好きなことには「喜び」が伴うし、それは自分の武器にもなる！

48

LIVE

「望む勇気」を持つ

現状から一歩踏み出すために

私はこれまで、何人ものやりたいことがわからないという人と対話を重ねてきた。その経験から何かを望むにも勇気がいるということがわかった。

今のまま何もせず、何も望まなければ、安心安全の毎日が待っている。

それでも生きていけるのだから、安全に生きたいだけなら何も望まなくてよい。

何かを望むということは、今の毎日から一歩踏み出すということだ。

しかし、一歩踏み出す勇気がない人は、今の毎日から抜け出さずに済む理由を考え始める。

そのとき出てくるのが、抜け出そうとするときに直面するであろう障害についてだ。

やりたいことがわからない、やりたいことがないという人に共通して言えるのは、真っ先に障害に目が行くという傾向だ。

たとえば、世界一周をしたいとする。

それは紛れもなくやりたいことなのだが、やりたいことがないと嘆く人ほど真っ先に障害に目が行ってしまう。

お金が、時間が、仕事が、体力が……。

世界一周するのに伴う障害をすぐに考え始めるのだ。

障害の方を真っ先に見るクセがこびりついていて、どんどん障害が頭に浮かび始める。

すると、世界一周が大変なことに思えてくる。

結果、「それだったら別にいいかな……」と思うようになる。

最初は世界一周することにワクワクしていたにもかかわらず、そのワクワクはどこかへ消え、世界一周がやりたくないことに変わり果ててしまうのだ。

「望み」を純粋に見つめる

自分の心の中に湧き上がる、やってみたいという気持ちは、自分の武器につながるものだ。しかし、多くの人がそのやってみたいという気持ちをないがしろにし、障害にばかり目を向けて、どうせできないと思い込む。

「やってみたい」という気持ちをどうせできないと言ってないがしろにし続けて

きた結果が、やりたいことがわからないという状態なのだ。

そんな自分を変えるには、障害に目を向けている自分に気づくことが必要だ。

そして、今日から、障害ではなく望みにフォーカスすること。

ただ、望む勇気を持つこと。望む勇気を持つことは、これまで障害にばかり目を向けていた人からすると、かなり大変なことだ。

今まで通り障害に目を向けていれば、動かなくて済む。

しかし、それはＲＰＧでモンスターに出くわすのを怖れて、村から一歩も出ない勇者と同じだ。

キミは自分の人生の主人公であり、勇者でもある。

村から飛び出し、様々な体験をすればいい。

そのためには、望む勇気を持つことが大事なのだ。

望む勇気を持て！　そして望みをかなえるために一歩踏み出せ！

49

LIVE

きっと、うまくいく

キミの相手は本命か？

インド映画の『きっと、うまくいく』をご存知だろうか？

有名な映画なので知っている人も多いと思う。

私はこの映画が大好きだ。

２００９年の公開当時、インド映画歴代興行収入１位を記録し、２０１０年のインドアカデミー賞では史上最多の16部門を受賞。

あのスティーブン・スピルバーグが「３回も観るほど大好きだ」と絶賛し、ブラッド・ピットが「心震えた」と語ったことでも有名な映画だ。

私自身、この映画を観て涙を流し、心を鷲づかみにされてしまった。

この映画にはいろいろと学ぶべきことが多いのだが、自分の武器という観点からも大きな学びを得られる。

この映画は、インド屈指の難関大学ＩＣＥを舞台に描かれた物語だ。

エンジニアを目指す優秀な学生がＩＣＥには集まる。

その中でも主人公のランチョーは、トップの成績を誇る優秀な学生だった。

あるとき、友人であるファルハーンとラージューに、ランチョーが語り始める。

「なぜ、俺が1番かわかるか？」

ランチョーは自ら答える。

「機械が好きだからだ。工学が俺の情熱なんだ」

そして、成績ビリを取り続けている友人ファルハーンに、こう問いかける。

「お前の情熱は？」

そう言うと、ランチョーはファルハーンのカバンの中を漁り、ある手紙を取り出す。その手紙は、ファルハーンが書いたまま送ることのできない手紙だった。

じつはファルハーンは動物の写真を撮るのが大好きで、写真の勉強をしたいと思っていた。手紙は、大好きな写真家に宛てたものだ。

しかし、生まれたときからずっと、親から「エンジニアになれ」と言われ続けたファルハーンは、動物の写真を撮りたいという情熱を抑えつけ、書いた手紙を5年間も出せずにいたのだ。

そんなファルハーンに、ランチョーは言う。

「お前は、彼のもとで写真を学びたかった。でも、父親を恐れ、この手紙を出さなかった。工学なんかやめて、動物写真家になれ。才能が活かせる仕事をするんだ」

そして、最後にこう言う。

「動物に恋しているのに、機械と結婚か？」

さて、キミは、何に恋をしているだろうか？

本当に本命に恋をし、本命とともに人生を生きているだろうか？

キミが本命とともに生きたとき、キミの命は最高に輝く。

自分の武器を見つけるとは、自分の本命を見つけること。

自分の武器を活かして生きるとは、自分の本命とともに人生を歩むということだ。

自分の武器を最大限に活かせ！
そうすれば輝かしい人生が待っている！

「武器」を見つけるための1冊⑤

『檻』

北方謙三［著］（集英社文庫）

初めて読んだ北方謙三氏のハードボイルド小説。水滸伝という歴史小説から入っていったので新鮮だったのだが、そこからハードボイルド小説にのめり込んでいった。昔から、男として格好良く生きたいという願望が強い。若者たちと接していると、男の女性化のようなものをリアルに感じることが多く、自分の中の男を忘れないために読んでいるのかもしれない。

自分の願望は、自分の武器になっていく。だからこそ、己の願望を忘れ去ってしまわないために、好きな小説を持つこと、好きな作家を持つこと、その作品に触れることが大事だと思っている。

EPILOGUE
エピローグ

今回、キミが自分の武器を見つけ、自分の人生を生きる一助になればと思い、筆を取った。

私はこれまで、若者を中心に多くの人と対話を繰り返してきたのだが、ほとんどの人が自分の武器が何なのかわかっていなかった。

むしろ、自分の武器を弱点だと思い込み、自分を責めていた。

「それが、君の武器なんだよ」と伝えても、怪訝な顔をされ、ほとんどの場合、受け容れてもらえなかった。

その中でわかったのは、まず、自分で自分を評価できるようにならなければ、自分の武器に気づけないということだった。

自分を否定し、自分を卑下し、卑屈になっている状態では、自分には武器があるのだという事実を受け容れることはできない。

受け容れることができなければ、それは「ない」のと同じだ。

多くの人がその状態にある。

「ある」のに「ない」ことにしているのだ。

そこに「ある」ことを認め、受け容れなければ、その「ある」ものは力を発揮できない。

そして、最終的に、「ある」と認め受け容れるのは、自分にしかできない。

自分の価値を、自分の可能性を、自分が認め受け容れなければならない。

キミが本書を手に取り、ここまで読んできたという事実は、キミの心の中のキミが、自分の力を発揮したいと望んでいる証拠だ。

もう、そこそこで終わりたくない。

思う存分、自分の力を発揮したい。

そんな心の中の声が、この本を手に取らせたのだ。

この本を手に取り、ここまで読んだ時点で、キミは自分の力を発揮したいと思っている。本当の自分を表現したいと思っている。

そんな自分の存在を、真正面から認め、受け容れてほしい。

もう遠慮することをやめ、思う存分自分の武器を活かせばいい。

自分の武器を活かし、自分オリジナルの成功法則をつくり、自分オリジナルの成功を手に入れるのだ。

それができる力を、キミは最初から持っているのだから。

謝辞

水王舎編集部の田中孝行さんの力がなければ、本書を書き上げることはできませんでした。この場をお借りして心から感謝申し上げます。

また、出版のきっかけをくださった長倉顕太さん、日頃支えてくれる家族や同志の力がなければ、今こうやって本を書いている自分はいません。心の底から感謝しています。本当にありがとうございます。

本書のメッセージが、多くの人に伝われば嬉しく思います。

最後までお読みいただき、ありがとうございました。

池田 潤

【著者略歴】

池田 潤（いけだ・じゅん）

作家・コーチ。

京都大学法学部在学中に立ち上げた勉強法ブログが人気となり、大学生ながら、カリスマブロガーとして活躍。しかし、現在の日本の受験勉強のあり方に対する疑念が拭いきれず、次第に受験勉強の指導に情熱を注げなくなる。苦悩しながら自分と向き合う中で、京都大学を中退。「物書きとして、人の心と向き合う人間として生きる」ことを決意し、活動を再開。中学生や高校生、大学生など若い世代の心の悩みと来る日も来る日も向き合い続ける。

大学中退後、個人でビジネスを展開。最高月商1,000万円を突破し、使命とビジネスを両立させた「自分の武器を仕事にするライフスタイル」を実現させる。

現在も、受験指導の経験から生まれる誰にでもわかりやすい文章や、悩みの本質に迫る鋭い洞察力、人を愛する心を活かした独自のセッションにより、悩み相談に訪れた人の心を解放し続け、ブログ立ち上げ当初からの相談数はのべ1万件を超える。

著書に、ベストセラーとなった『勉強の結果は「机に向かう前」に決まる』『未来の自分をつくる勉強法』（共にサンマーク出版）、『毎日15分自分と向き合えば、「欲しい結果」がついてくる』（中経出版）がある。

池田 潤オフィシャルブログ　http://ike-jun.jp/

自分の「武器」を見つける技術

2015年12月10日　第一刷発行
2016年 1 月25日　第三刷発行

著　者　　池田 潤
発行人　　出口 汪
発行所　　株式会社 水王舎
〒160-0023
東京都新宿区西新宿6-15-1 ラ・トゥール新宿511
電話　03-5909-8920
本文印刷　慶昌堂印刷
カバー印刷　歩プロセス
製本　ナショナル製本
校正　斎藤 章
編集担当　田中孝行　大木誓子
ブックデザイン　井上祥邦（yockdesign）

ISBN978-4-86470-034-4 C0095

好評発売中！

「学び」を「お金」に変える勉強

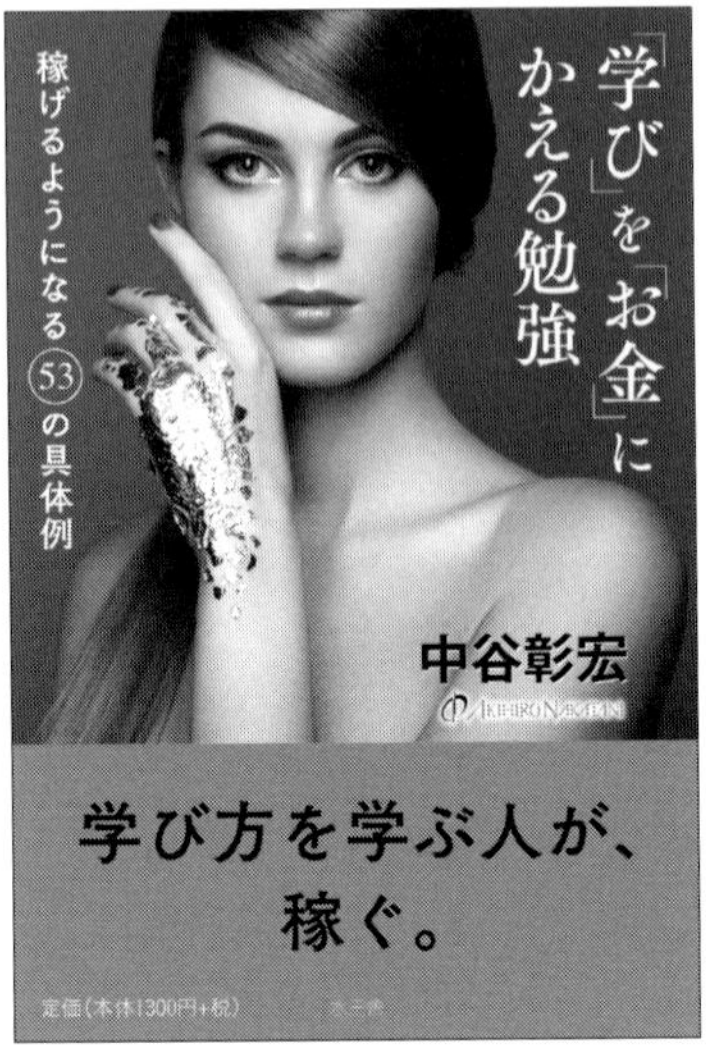

中谷彰宏・著

小手先をマネしても、稼げない！

一見、面白くない仕事の面白さに気づこう。

この本は、次の三人のために書かれています。

1. 勉強しているのに、お金が入ってこない人。
2. 稼いでいる人が、どういう勉強の工夫をしているか、知りたい人。
3. 大切な人を、稼げるようにしてあげたい人。

稼いでいる人は、どんな勉強をしているのか？

学校では教えてくれない本当の「学び」のヒントが詰まった一冊。

定価（本体1300円＋税）ISBN978-4-86470-029-0